KSS 近代消防新書 023

東日本大震災から10年

―心の復興と新たなコミュニティの創造―

一 [illegible] [illegible] 道

近代消防社 刊

はじめに

２０１１年３月11日㈮に発生した東日本大震災は、マグニチュード９・０、最大震度７という想定外の大規模災害として２万２千人を超える死者・行方不明者を出しました。そして、多くの方々が自然のもつ力の脅威を認識しながら、人間はそのような中で生かされ生きている存在であることを感じられたと思います。

東日本大震災から３年後に被災者へのヒアリングを行い、その状況を近代消防社から出版させていただきました。その時のヒアリングのテーマは「共助」であり、本のタイトルは、「東日本大震災を教訓とした　新たな共助社会の創造」とさせていただきました。

その後、10年目が近くになり、東日本大震災についてまとめておこうと思い「東日本大震災（上）」と「東日本大震災（下）」の２巻に分け、上巻は２０２１年に、下巻は２０２２年に出版させていただきました。これらの本の内容は、主としてフィジカルプランニングの面からまとめさせていただいたものです。

その間に、近代消防社社長の三井栄志氏と、フィジカルプランニングばかりではなく、3年後と同様、被災者に10年後のヒアリングを実施しようという話となりました。

ヒアリングの方法は、3年後に実施したグループヒアリングが好評だったことから、今回も、グループヒアリングと個別ヒアリングの2本立てとし、福島県を含め数を増やしました。

そして内容は、「心の復興」と「コミュニティ」をテーマとすることにし、タイトルを、「東日本大震災から10年―心の復興と新たなコミュニティの創造―」とさせていただき、10年後の秋からヒアリングを開始し作業をすることになりました。

今回は、東日本大震災という想定外の自然災害から10年経過して、被災者が「心の復興」と「コミュニティ」についてどのように考えているかを知っていただき、このような自然環境の中で生かされ生きている人間として、大規模災害からの復興のこれからの課題を考えていただければ幸いと思います。

目　次

第1章　10年後のヒアリングの概要

東日本大震災から10年間、岩手県、宮城県、福島県の各地域を視察してきました。そして、それまでに視察してきた住宅地の中から、戸建て住宅団地、共同住宅団地という大まかな分け方をし、共同住宅にあっては、大規模や中小規模団地のものに分類し、それ以外に特徴的な住宅地を選び、そして、岩手県、宮城県、福島県から選ぶようにしました。

ヒアリングはグループヒアリングと個別ヒアリングに分け、後述する団地住民と個人にお願いしました。

10年後のヒアリングのテーマは「心の復興」と「コミュニティ」についてです。心の復興では、特にご家族を亡くされた方々についてのこと、そして、新たな復興住宅におけるコミュニティについてお伺いしました。

3年後のヒアリングを実施した時は、話しにくいこともあるだろうという配慮から、グループヒアリングも個別ヒアリングとも、匿名でお願いしました。しかし、今回の10年後では、問題はないだろうとして名前を出していただくことにしました。

そして、取り上げる順番は北からとし、岩手県、宮城県、福島県の順番としています。

1　グループヒアリング

（1）高台移転で戸建て住宅が多い団地

宮古市田老地区：三王団地

高台移転をし、戸建て住宅の多い団地として、岩手県宮古市田老地区の三王団地を取り上げました。ここの地区には何度も視察に行きました。ヒアリングは、復興公営の共同住宅もありますが、自主再建の方々にお願いしました。

田老と言えば、万里の長城と呼ばれる巨大な二重の防潮堤を築造し、チリ地震津波で被害を受けなかったことから世界的に有名になり、安全神話が生まれました。しかし、今回の東日本大震災による想定外の地震と津波で、二重の防潮堤の内側の住宅地まで被災することになり安全神話が崩れました。そして高台移転をすることになった地区です。

(2) 同じ地区で避難所から仮設住宅、そして復興住宅まで：復興の本来的な姿

大船渡市：西館地域

被災して、避難所から仮設住宅、そして復興も同じ地区内で行われたため、従前のコミュニティが維持された地区です。このような状況は、大規模災害における目指すべき本来的な復興の姿といえます。その例として大船渡市の西館地区を取り上げました。

被災してから、避難所は地区の公民館へ、そして仮設住宅は近くの空いている土地へ、復興には、近くに高台移転の出来る土地を住民が探し、復興公営住宅は、戸建てで建設しています。そのような意味で「復興マネジメント」が良くできた地区だったと思います。

岩手県においては、復興公営住宅は共同住宅といわれる中で戸建て住宅を実現し、コミュニティ意識がますます強くなったそうです。

(3) 嵩上げ地に建設された中規模の復興公営の共同住宅団地

陸前高田市：市営住宅下和野団地

共同住宅の中規模の団地として、岩手県陸前高田市で最初に出来た復興公営の共同住宅団地である市営住宅下和野団地を取り上げ、居住者にお願いしました。陸前高田市の新市庁舎前に

建設された団地ですが、市役所が出来たのは後からです。

陸前高田市は津波により名勝高田松原の7万本の松が流され、1本だけ残された松が「奇跡の1本松」として話題になりました。そして、市街地もほとんどが流されました。復興に当たり、津波に強いまちづくりをしようと、大規模な嵩上げを実施しました。その後、嵩上げした土地に、最初に建設された復興住宅です。しかし、区画整理もしていますが、なかなか嵩上げ地の空地が埋まらない状況が続いています。そのような状況に対する感想もお伺いしました。

(4) 岩手県では最大規模の高台移転による共同住宅団地

陸前高田市：県営栃が沢アパート

共同住宅の大規模の団地として、高台移転により出来た岩手県では最大規模の共同住宅団地として、陸前高田市の県営栃が沢アパートを取り上げました。ここの地区にも何度か視察に行っており、居住者にお願いしました。(3)の下和野団地との違いは、住戸数301戸という規模の大きさと高台移転ということです。

このような大規模団地は県営でなければできなかったと思います、団地での自治会形成のために岩手大学が一定期間指導しました。当日知ったことですが、ヒアリングをした日は自治会長の選挙日でした。当時の会長さんも投票の最中にヒアリングを受けることになり気になっていたと思います。

（5）宮城県の中規模の復興公営の共同住宅団地

石巻市：市営門脇西復興住宅

共同住宅の中規模団地として、宮城県石巻市では最後に完成した、日和山の近くにある旧門脇小学校の近くの市営門脇西復興住宅を取り上げました。

広範囲の被害が及んだ石巻市の中でもいくつかの共同住宅団地が建設されましたが、その中でも特徴的なのは、２棟に分かれ１棟はペット用の棟で、最上階の廊下で繋がっています。

復興住宅でも最初のうちはペット対策が図られていないものが建設されたようですが、最後の復興住宅では、ペット対策が計画された住棟になったようです。

（6）町会の連合会が出来た、戸建てと共同住宅による大規模団地

石巻市：のぞみ野地区

町会の連合会が出来た特殊な例として、宮城県石巻市では、「のぞみ野」地区を取り上げま

した。石巻市では水田の土地を造成し大規模な区画整理を行い、戸建てと共同住宅による2、000戸レベルの大規模団地を建設し、のぞみ野と命名しました。

一般的には、共同住宅の場合、規模にもよりますが、町会もできにくくまた既存町会に加入もしにくいのですが、この地区は規模も大きいことから、市でもモデルケースにと積極的に町会の形成に協力してきました。そして、仮設住宅の頃から連合会として問題解決に当たってきており、現在はその延長で「一般社団法人石巻じちれん」が結成され、問題解決に当たっています。

(7) 相馬市での新たな取り組みとしての井戸端長屋

相馬市：市営細田東団地・相馬井戸端長屋

平屋建ての小規模共同住宅の特殊な例として、福島県相馬市から、井戸端長屋と呼ばれる、12戸で構成される平屋建ての復興共同住宅を取り上げました。これの評判が良く、井戸端長屋の中の市営細田東団地の居住者にお願いしました。

長屋と呼ばれていますが、建築基準法的には共同住宅です。しかし、実態は寮のような共同住宅です。廊下の幅も広くて立ち話ができ、食堂があって、昼食時には皆さんで食堂でいただくシステムになっています。グループヒアリングしていても皆さん仲が良く、知り合いが増えたと喜んでいます。他の共同住宅ではあり得ませんでしたが、郵便受け箱には、皆さん名前を出しています。

2　個別ヒアリング

(1)「ふさいでいる人を引っ張り出して……知らないふりをする付き合いにならないように」

中島照夫、千鶴子夫妻（宮古市：市営港町住宅）

岩手県宮古市の中島照夫さんには、３年後のヒアリングの時にも宮古市の仮設住宅でお願いしたことがありました。10年後の今回は、復興公営の共同住宅にお伺いし、夫婦でヒアリングをお願いしました。

見直しの時に、連絡をとると、奥様の千鶴子さんから、ご主人の葬儀が終わって数日とのことをお伺いしました。そのため、49日が終わってから奥様に見直しをしていただきました。

40戸という規模の市営の共同住宅で、入居している方々が同じ地区の知り合いという関係で、人間関係は良好なようです。そのため、家族を亡くしふさいでいる人がいると、イベントがあった時に引っ張り出して参加させるそうです。

（２）「震災発生後すぐに消防団として活動」

鈴木　亨（大槌町：自主再建）

岩手県大槌町の鈴木亨さんは、消防団員です。津波により自宅が被害を受けましたが、すぐに救助活動を開始しました。消防団員という責任感がそのようにさせたと思います。

そのような救助活動ということと、復興の過程において、心の安定がもたらされた時についてのお話をいただきました。東日本大震災という大規模災害により、職も無くなる体験をした中で、生業が安定しないと心の安定がもたらされないというお話を伺いました。

（３）「ペットは家族」

佐藤亮三（釜石市：復興公営共同住宅）

岩手県釜石市の佐藤さんには、ペットと暮らす時の大変さをお伺いしました。今の時代であれば、ペット対策は出来ていて当然と思うのは、まだ早かったと改めて認識しました。

ペットと一緒に住むため、転々と団地を変わった苦労話には、ヒアリングする立場でもつらいものがありました。

また、釜石市は、復興公営の共同住宅を街中に建設しています。この方法は、既存のコミュニティとの関係の構築を重視した計画でした。しかし、既存の町会とは関係が構築されていない現実のお話をいただきました。たまたま、ここの団地だけの話だったのかも知れませんが、他でもありうることと受け止めました。

（4）「これまでの地域コミュニティを維持するために」

及川　宗夫（大船渡市：被災した自宅を修繕）

大船渡市の及川宗夫さんは、被災後、避難所に集まった時から。地域のリーダーとして地域の方々のお世話をしてきました。３年後の仮設住宅の時もヒアリングしましたが、今回の10年後でもその後の状況等をお伺いしました。

基本的に、それまで培ってきたコミュニティの維持のために活動をしていたと振返り、被災後は地域の避難所、そして近くの仮設住宅、復興住宅も近くの高台へというように考えて活動をしてきたとのことです。

「復興マネジメント」という表現がふさわしく、コミュニティの維持について活動を続けており、その中からお話をいただきました。

（5）「妻を亡くした悲しみから地元への恩返しとして市会議員に」

佐々木一義（陸前高田市：復興公営共同住宅）

岩手県陸前高田市の佐々木一義さんは、東日本大震災の時はホテルに勤務しており、津波で奥様を亡くされました。しかし、いつまでも悲しんでいられないとその悲しみから立ち上がり、交通整理などのできることから始めました。その後、病気でお見舞いに行った友人からの最後のメッセージも受けて、地元に恩返しをすることを決心しました。

そして、選挙の2日前に市会議員に立候補することを決め、友人の協力を得て選挙活動を行い、トップ当選を果たしました。ヒアリングでは、その歩みの経緯について語っていただきました。

（6）「高台に1軒だけの飲食店。無きゃダメだなーと思って」

高橋かつ子（東松島市野蒜：自主再建焼鳥屋「かっちゃん」）

宮城県東松島市の高橋かつ子さんは、高台移転をした野蒜で自主再建をしました。そして、東日本大震災前に焼鳥屋さんを営んでおり、野蒜でも焼鳥屋をすることにした方で、ヒアリングをお願いしました。

高台移転した東松島市の野蒜駅から隣の東名駅まで、戸建て住宅地が整備されました。通常、駅周辺は商業施設で賑わいますが、そういう雰囲気がありません。見渡すと、野蒜駅から徒歩数分、1軒だけのぼりを立てている店があります。そこが、高橋さんのお店「焼鳥屋かっちゃん」です。

東日本大震災後に新しく造られた町の状況と、コロナ禍という社会状況の中での事業についての状況をお伺いしました。

(7)「生業があってこそのコミュニティ」

今野義正（名取市閖上：自主再建）

宮城県名取市閖上の今野義正さんは、NPOなどの役員や閖上地区まちづくり協議会の副代表もしており、閖上の復興に尽力してきました。

自主再建された自宅にお伺いし、閖上という独特のコミュニティ意識の強い地区でのまちづくりの経過をお伺いしました。そして、個人情報保護に関する意見が強くなっている現状ですが、そういう中での問題点も語り、コミュニティの重要性を語りました。そして、コミュニティには生業が必要と語っていただきました。

(8)「同じところで寝起きして徐々に他人でありながら他人でない……」

福田まり子(相馬市:井戸端長屋)

福島県相馬市では井戸端長屋という平屋の復興公営の共同住宅を建設しています。この井戸端長屋は、平屋で12戸と戸数が少ない共同住宅で、出会いを中心に考えられています。60歳からの入居ですが、福田まり子さんは高齢の母親の付き添いとして50歳代で入居しました。

一番若かったため、皆さんの面倒を見ることになりました。そこで皆さんの面倒を見ているうちに、入居している方々が、他人でありながら他人ではないような心境になってきたと語っていただきました。通常の共同住宅では聞かれないお話です。

第2章　グループヒアリング

1　仮設の時は親戚以上、今はバラバラで交流少なく

岩手県宮古市田老地区　三王団地

田老の防災集団移転促進事業による三王団地は、平成27年9月に出来ました（図.1）。高台移転で戸建ての自主再建が多い団地ということで選びました。災害公営住宅もあります。

・名称　：山王団地
・所在地：岩手県宮古市田老字乙部ほか
・構成：戸建て住宅　１５９戸（自主再建）
　災害公営住宅　71戸（25棟、うち17戸が戸建て平屋）

今回のヒアリングは、令和3年11月20日㈯、自主再建の戸建て住宅の方々にお願いしました。参加者は、赤沼正清さん（80代）、大棒レオ子さん（70代）、佐藤美恵子さん（70代）、中島隆

子さん（60代）、中山亮一さん（70代）、林本卓男さん（70代）です（図．2・3）。

図.1　田老地区三王団地

図.2　ヒアリングの状況①

図.3　ヒアリングの状況②

仮設の時は親戚以上の付き合い

三舩　今日はお集まりいただきありがとうございました。自己紹介がてらお伺いしますが、避難所から仮設住宅、そして現在までの状況を振り返っていかがでしょうか。

大棒　今回、久しぶりに皆さんにお会いして、皆さんとあの時はこうだったねという話をしたりする機会がないからねと。仮設にいる時は、隣近所は声も聞こえるし、おはようやさよならもできたのが、今皆さんは隣ですけど、皆さんに会うことが少ない日が多いですよ。挨拶する日も無いしね、よっぽどでないと。人が歩いている時でないと話をする機会も無いので、会うこともないです。何か、こうだったねという話がしたいねという話を昨日しました。

三舩　仮設の時は、隣近所だから話はするけど、高台移転をして復興住宅に入ったら、あまりしなくなった。庭付きで、独立しているからですか。

大棒　仮設に入るときは、避難所にいて、今度仮設が出来てこうなったというニュースが流れてきて、くじびき、それとも、どういうふうに入ったらいいべねと言った時に、その時のお医者さんが、阪神・淡路大震災の時は、仮設に入ってから知らない人達が隣に住んでいたので孤独死が多かった。死んでも誰も知らないということがあったと言うので、田老の場合は、前住んでいた集落ごとに順番に入るといいんじゃないかということで、避難所に最初からいた人達は、すいすいと入っていったんですね。避難所に後から来た人たちは、違う地区に入ったりしたんですけれど、大体が同じ地区の人達がまとまって仮設に入りました。だから良かったですけど、私の場合は仮設にいた時の人と、親戚以上の付き合いをさせていただいたので、もうこの復興団地にきてバラバラになり寂しい限りです。

それで、私はお寺さんにいたんですけれど、その時からずっとお世話になり、いまだにお付き合いをさせていただいています。親戚よりも近いお付き合いだと思います。その時、本当に被災した時はみんなの気持ちは一緒なんですよね。みんな家が無くなったりして、避難所にいて、いやどうするべ、着るものも食べるものもなく、生活から一緒だったもんだから、大変だったという思いは一緒かな。その方たちと今も付き合いをさせてもらっています。

佐藤　やっぱり、仮設の時が一番生活しやすかったかなと思います。グリーンピアのアリーナで生活したんですよね。グリーンピアでダンボールハウスに自分たちで名前をつけて、それで生活したんです。一番その時感じたのは、津波前の若い男の子たちは、近所で会って、こっちから「おはよう、これから仕事か」と言えば、「ハハッ」というような感じで、声は出さずに、頭もちょっと下げるぐらいだった。しかしダンボールハウスで生活するようになってからは、起きて立つと、みんなの顔が正面に見えるでしょう、それで「おはよう」「お帰り」とか声をかけるようになってからは、若い子たちが、皆、こっちが声をかけなくても、向こうから声をかけてくれるようになった。私はそれが一番、ここで生活して一番良かった。

今でもそれが続いているもんね。大人の人と、おばさん、おじさん、二十歳過ぎの人と、30代、40代の人と、声をかけても、三王団地に入居した頃は、頭をしょっちゅう下げるわけでもない。以前は言葉がつっかえて、聞こえないような感じで言っていたのが、今はちゃんと言葉として出して、頭もきちんと下げられるようになった。あれが一番良かったなと思います、段ボールハウスの生活では。

三船　こんな感じで続いてお願いします。一番の思い出に残ることなど。

中島　中島と言います。最初に、中学校の向かいの山から降りて行くとお寺さんが有って、皆さんがそこにいました。お寺さんの人がいなくて、私は檀家さんじゃないからダメだとすっかり思っていました。後ろの人達がおら小学校に行くのがいいねと言っていたので、私もその後、小学校の体育館に行きました。そしてから、グリーンピアさんへ、アリーナの段ボールハウスで仕切りができて良かったと思いました。そして、仮設住宅で同じ所の人たちが周りにいて良かった。それから、今は山王の高台に移転して、その山頂にいます。

三船　避難所のことが一番印象があるということですね。赤沼さんはいかがですか。振り返ってみて。

赤沼　私は、震災の3月11日は、時間帯が勤務中でございました。グリーンピア三陸宮古の屋外施設も含めて、ホテルの防災管理者をやっていたために、被災者の受け入れを担当せざるを得なくて、そこで暮らしました。そのため、実際には津波が襲ってきたところを見ていないです。家内は自宅にいました。大きな揺れで、これは大津波が来るという判断で被災者の受け入れをしました。

　グリーンピアは、田老町から宮古市になった両地区の合併の時から、防災拠点施設という位置づけがありました。私はそれが頭にあるものですから、宿泊棟は民間に委託していましたが、いざ震災という時は、受託者の了解のもと全施設を管理しなければならないという思いでいました。

　停電になって、電気が来ないと全施設の機能

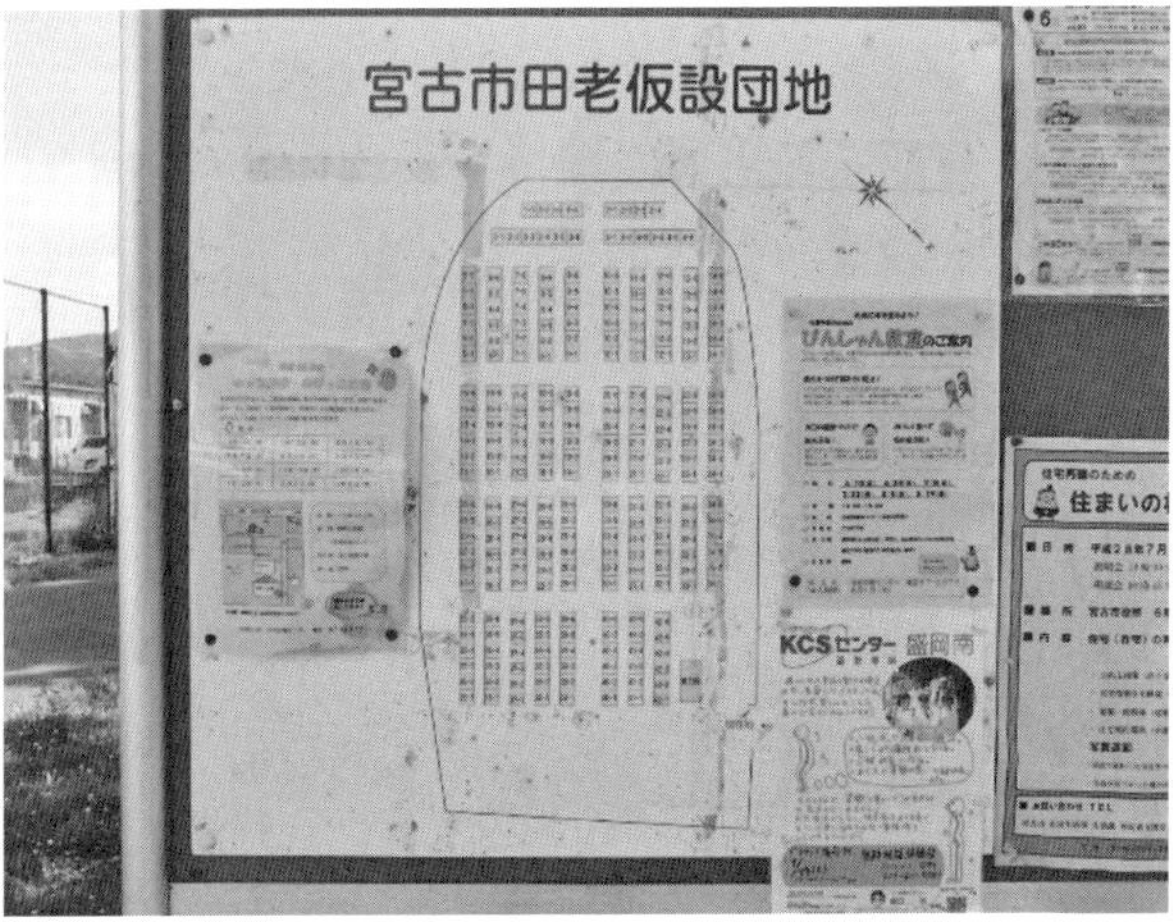

図.4　グリーンピアの仮設住宅配置図

が止まってしまい、水、飲み物、そういうものも止まってしまう。大変でも受け入れもしなくてはいけない。どのように、皆さんに気持ちよく生活してもらうか。トイレも2か所にして、水は大きなタライにためておいて、手桶で流して。電気が通じるまで、我慢しなければならない。電気が来て、避難所を4月1日に市に引き渡してから安心感がきました。今は三王団地に新居をかまえています。

三船　グリーンピアにお勤めだったという。防災拠点施設の防火管理者として、避難者の受入れを担当したということですね。貴重なお話をありがとうございました。それで、仮設住宅の数はどのくらいですか。

赤沼　仮設住宅が４０８戸（図．４）。

大棒　仮設住宅としては一番大きい。順番に入ったので。阪神・淡路大震災で使った仮設が、一番先に来たんです。私は5月17日に入居しました。入ったけど何もできなかったんです。鍋もないし、茶碗もないし。食べる時は避難所に行ってくださいと言われました。

佐藤　最初に樫内仮設に申し込んだのですが、断られて。次も役所から電話が来て、満員のためできないと。ホテルに入ってくださいと。ホテルの大広間に1つの布団に2人入って、次から次に人が来るでしょう。布団もない敷き場所もない、最後は寝返りもできない。

従業員食堂を開放して、まかないは、自分たちでやってくださいと言われて。そして、いちばん最後にできた樫内仮設、木造の10数世帯の仮設だった。木造だったから、サッシも二重サッシで皆に良いなあと言われました。

赤沼　田老地区の被災者は、グリーンピアに1か所に集中したいという宮古市の方針があった。アリーナに全体で約700名いて、その中でホテルに300名、最後にアリーナに400名残った。ホテルには高齢者というようにして割り振った。

三船　仮設は、グリーンピアだけではないですよね。

赤沼　樫内仮設（79世帯）、と摂待では7世帯。仮設がまとまってありました。

指定避難所でなかったために自主的にできた

大棒　そのようにまとめると自衛隊さんが楽になったと思います。最初は、いろんなところに食事を運ばなくていけなくて、大変だったと思います。

私はお寺に避難しましたが、行政からは避難所に指定しないと言われました。隣に総合事務所があって、そこは指定避難所で夜はおにぎりが来ましたが、私たちには何も来なかった。行政が来なくて困ったことはあるけど、逆に好きなようにできました。そのうちお寺にも避難者がいると知られてきて物資が来るようになりました。

行政がいると、物資が来ても公平にしようとして、今ここだけでは分けられないので、あとこれだけ来たら分けますというようになります。

しかし、行政が来ないので私達でやろうと話し会い、今日は男物が多いのでお風呂に入っていない消防団に、今日は女性の下着が多いので、避難所にいる人たちは皆もらっているので、働いている看護師さんにやろうとそのようにできました。行政がいればそのような配慮はせずにみんなで分けようとなりますが。

三舩　うまく行ったということですね。

赤沼　これが自主防災です。

大棒　トイレが一番大変だった。田舎なのに水洗になっていて、だけど水はなく電気が来ない。お寺の裏に流れない下水があり、外から行けた。ここにはおしっこを、便はバケツにと。お寺さんに２７０人いたんです。食事をしていないけど、翌日になったらいっぱいになった。中で発酵して袋が破裂するんです。報道関係の人の宿泊するところが無くて、泊めてあげたので、手伝っていただくことにして運んでもらいました。あとで、ポータブルのトイレが来たので使いました。歩ける人は隣の総合事務所のトイレに行ってくださいと言ったが動かなかった。物資が来たということを動きますが。こういうことを自主的にやった。

赤沼　次、中山さん。

中山　中山です。宮古で仕事をしていまして津波は見ていません。防災無線で、岩手県3ｍ、宮城県6ｍの大津波警報があって、道路が通らなくなった。パトカーがプカプカ浮かんだりして、うちに帰れなくなった。防潮堤が2つあるからうちは大丈夫だろうと思って、道路が通れたら帰ることにして、避難所は宮古商業の体育館に行ったが、大勢いてダメだと思った。車を置いたところで一晩泊った。翌日消防団に会った。消防団の人がここは田老よりは良いと言ったので、気になった。

次の日、三陸鉄道を歩いて、家族を見つけて助かったと思った。うちの方向を見ると、立っているうちが見えた。アンテナもある、窓ガラスもある。うちは大丈夫だったと思った。

総合事務所があって、山火事があって歩ける人は北高に避難してくださいということで、そのためそのまま北高に避難した。その後、3月31日をもってグリーンピアに避難してくださいと言われた。仮設住宅を申し込む時、仮設住宅がどこに建つか分からなかった。市役所から電話があって、入った。

三船　やはり仮設住宅が一番思い出が深いですか。

林本　皆さんの話を聞くと、私が一番恵まれていたのかと思いました。駅の近くで店をやっていました。避難したのは自宅から車で5分以内の実家に避難しました。避難生活は日常生活でお世話になっている方にお世話になり避難生活という感覚はありませんでした。皆さんのように苦労しなかった、三食昼寝付きで夜は晩酌付きでした。

1か月ぐらいして、皆さん仮設に行っていますよと言われ、申し込んだ。しかし市から、林本さんの入るところはありませんと言われました。それならと他地区を希望しましたが、突然電話が来て、田老の仮設住宅のキャンセルが出ましたという。そして6月15日がスタートになりました。37世帯と小さいけれど自治会を立ち上げた。顔見知りの方々が多くて、声もかけやすくなじみやすかった。

大棒　集会所で作業していました。そんな時、今では無いこんな小さい4畳半で毎日夫と顔を見合わせているのはつらいですよね、大変ですよね、と会話をしていました。アッ失礼しました。仲の良い方はいいですよね。

皆さん　ハッハッハッハ…。

大棒　高齢者をお持ちの方は大変だった。近くにいた人は服を脱いで寝たことがないですって。4畳半の1部屋は高齢者の部屋にベッド、もう一部屋に夫婦2人と30代の息子とで住むしかなくて、服を脱いで寝たことが無い。その後出て行く人が増え、もう一部屋良いですよと言われて、やっと初めて服を脱いで寝たと言っていました。

佐藤　そういう人もいる中で、私たちは恵まれていました。それは後で聞いたのですが、仮設の隣が空いて、息子が隣を借りてもいいよと言われて借りました。役所さんはここに来るまでに、ここもダメ、次もダメというようにあちこちまわされた状況を知っていて、どうぞということで良かったけれど、今度は、近所の周りの目。おめさんたちだけが2つも。なんでと。

息子が頼まれて水道料金の集金をしていたがその時にいろいろ言われたと言っていた。しかし、樫内の方々は私たちの事情を知っていたので何も言わなかった。

「心の復興と」と「コミュニティの復興」

三船　ご家族を亡くした方には、なかなか話せないとは聞きますが。そのような心の復興という面ではどうですか。それとコミュニティは。

赤沼　ご家族を3人亡くした人がいます。今日はワカメの作業に行くので、出られないとのことでした。まだ、ご家族を亡くした方々はOKというようではない。

今回のお話を聞いた時、災害公営住宅に入っている方と自力再建の方々を考えましたが、今回は自力再建した方々にお願いしました。その中で、話せそうな方々にお願いしました。

林本　災害公営は71世帯で、そのうち平屋の戸建ては17世帯です。

三舩　話せそうな方にお願いしたという、そういう雰囲気があるということですね。大棒さんの話で付き合いが無くなったということがありましたが。

佐藤　外を歩いている人が減りましたね。

大棒　付き合いが仮設住宅ほどではなくなりました。道路を歩いている人が少ない。そのため、会話をする機会が少ないです。よっぽど何か用事があれば、ごめんくださいとなりますが。

佐藤　若い人は仕事に行っている。高齢者は家の中にいるため会話ができない。

三舩　団地でいろいろと行事を行っていると思いますが。

佐藤　2年間コロナで休止でした。

赤沼　平成29年3月から4月頃に自治会が2つ出来た。1つがいいか2つの自治会がいいかと準備会で議論された。災害公営住宅に入った方々の意見もあり、道路で分かれていましたが、災害公営住宅入居者は災害公営住宅でまとまりました。そういう問題がありました。

戸建てに入りたいという人でも後継者が田老に来ないので、災害公営に入った人もいます。そういうこともあってそれぞれの家庭の事情で決まったとみています。将来的にも難しい問題です。今、空きがあって入れるところがあるのかな。中山さんどう。

中山　まだ1箇所ある。

三船　田老の被災者は皆ここにきているんですか

赤沼　被災11地区の住民がすべてここに来ているわけではありません。

林本　およそ3割の方が田老を離れました。人口は減っています。

赤沼　被災者はここにではなく、他にも行っている。そのため人口減少が多い。出会いの機会を持つために夏祭りを一緒にやっていた。餅つきなども、しかし今はコロナ禍でなにもやっていない。コロナ禍が無ければ続いていた。上り調子できたが、人材不足もある。こういった話すことはたくさんあります。

三船　仮設の時より出会いが少なくなった、外に出ることが少なくなり、そして現在はコロナ禍でますます少なくなった、ということですね。コロナ禍が明けることに期待したいですね。今日はありがとうございました。

２　地域の皆と一緒に避難所から仮設住宅、そして復興公営住宅へ：本来的な復興のあり方

岩手県大船渡市　西舘地域

３年後と10年後

西舘地域は、高台に集団移転をした地区です。そして岩手県では珍しく、数は少ないのですが、共同住宅ではなく戸建て住宅による復興公営住宅（図.５）も建設した地区で、避難所から仮設住宅、そして復興住宅まで皆さん一緒に歩み、コミュニティを維持した地区です。これは地区にとって理想的な復興の姿であり、選びました。

・名称：泊里地区防災集団移転住宅団地（17戸）
　市営住宅泊里団地（６戸）
・所在地：大船渡市末崎町字山根
・建設年：平成27年

図.５　戸建ての復興公営住宅

グループヒアリングは令和3年12月27日㈪に行われ、参加したのは、及川宗夫（70代）、大和田恵美子（70代）、尾﨑安子（70代）、金野イワ（70代）さんです（図.6）。この中で、及川宗夫さんと尾﨑安子さんは現地で再建、大和田恵美子さんと金野イワさんは近くに防災集団移転をしました。これらの方々は、被災から3年後にもヒアリングを行った方々です

3年後の内容については、「東日本大震災を教訓とした新たな共助社会の創造」（近代消防社刊）に詳しく書かれています。

発災と避難所の状況

三船　以前、皆さんには東日本大震災から3年後の時に、どのように思っていたかと印象を語って

図.6　ヒアリングのメンバー

いただきました。そして、それは出版させていただくことができまして、ありがとうございました。今回は、また及川さんを通じて集まっていただきました。震災後10年を振り返っていかがでしょうか、ということをお話しいただければと思います。特に心の復興とかコミュニティについてお伺いできればと思います。

最初に皆さんの被災状況を自己紹介的に話していただいて、そして振り返るということをしたいと思います。

大和田　大和田と申します。私は発災日は自宅にいて、ワンコも一緒にいたんですけれど、自宅と一緒に流されまして、お陰様で助けてもらいました。

三船　避難所はどうだったんですか？

大和田　避難所は、5月一杯まで実家に避難していました。実家の弟が市役所にいて、流されました。6月1日から、避難所に戻ってきまして、仮設住宅に入るまで、そこで皆と暮らしました。仮設住宅から今は、皆と一緒に高台の一戸建てに住んでおります。

三船　ありがとうございます。そんな感じで、一言ずつお願いします。

金野　金野です。私は津波の時に、知り合いの家に、ワカメの仕事の手伝いで行っていました。そこで地震が来て、家が心配で、帰ってくる途中で紙一重で流されるところでした。あとは皆さんと一緒で、避難所に行って、仮設に移って、今は一戸建ての家に3世帯で住んでおります。3世帯だから大きいと思います。

三船　ありがとうございました。次、お願いします。

尾﨑　私も津波の当時は、高田にいる孫が誕生日だったので行っていて、帰ってきて地震で、大きな音、すごい音が岸壁の方から聞こえてきて、及川さんに繋げて、及川さんに助けられました。それで今は、津波に流された跡に、懲りずにまた家を建てて、今でも地震とかに脅かされて毎日暮らしています。

三船　今も時々大きい地震が来ますからね。大丈夫ですか。

及川　私も家が少し高いところにあったので、被災した家を修理して使っています。今のお話を聞いて、気になったことがありました。

避難指示が出ますからね。非常持ち出し品とかありますでしょう。取りに戻ろうとするんですよね。ああいうものいらないって。備蓄もいらんって、餓死した人いないから。うちの奴は、避難指示が出ても家から出てこないんですよ。非常持ち出し品があるから。あれ入れたかしらこれ入れたかしらと言って。何かもっていかなければという意識があるうちはダメです。結局、家に戻ったりもする。それがいけない。専門家にそんなこと言うなって言ってやりたい。とにかく早くどこかへ行けば、誰かが助けてくれるって。

金野　命があればってことだね、これは経験した人でないとわからないね。

尾﨑　子どもたちには、家の中にいた方が安全だと言われるんだけど、体が反応して。今、やっとのほか落ち着いてきたけれど。

大和田　経験した人じゃなければ分からないけど、持っていくものは一応用意しています。本当に被災した場合は、いざ用意できないし。

金野　地震が来ると、体が反応して外に出る。

及川　怖さというのは消えるものではなく体が覚えている。

三船　ご家族を亡くされた方は、ここにはいますか。

大和田　一緒に住んではいなかったのですが、弟の所で世話になって、実の弟を亡くしました。葬式を経験しました。

皆でまとまって避難所から仮設住宅そして復興住宅へ

三船　それで、仮設住宅（図.7）も近くにまとまって入ったそうですが、その仮設住宅を経て復興住宅になったわけですけれど、その辺の感想とかはどうですか。

尾﨑　仮設の時、寝泊りは高台で食事は碁石地区コミニュティセンターでいただきました。

大和田　避難所からまとまって仮設へ入り、仮設から復興住宅として高台へ（図．8）。皆でまとまって行こうと話して先が見えていたので、精神的に楽になっていました。復興住宅をどこに建てようかと相談しました。ここの山を切り開いてとか、皆で場所を見て、いろいろ手助けしてくださった先生方が応援して下さいました。

公営住宅はぜひ戸建てにしてほしいと大船渡市に働きかけまして、市内ではここだけですが戸建てになりました。

そして共同で材料を仕入れて、少しでも安くなったと思います。区割りの場所を決めるときにもくじ引きでした。道路を挟んで海側と山側で、

図.7　仮設住宅

先生方の配慮で、どこの家からも海が見えるようにしてくださいました。いいことには、周辺は皆知っている西舘の人達なんですよ。皆知り合いというのは、入ってからでもいいですね。

金野　私のところは、３世帯なので、広くて、住み心地がいいと思います。

三船　人間関係も、知っている人達だけできちっとした人達だからいいということですね。

被災した土地に

三船　尾﨑さんは同じような感想ですか？

尾﨑　私は、防波堤の関係で私も含めて見に行くつもりで参加していました。ここに建てるということを、３か月くらい前まではね。でも、市の方で12ｍ80くらいまで建てるので、建てていいとい

図.８　近くに高台移転し自主再建

うことになっていました。
　しかし、うちの旦那は千葉に行っていて津波を経験していないです。おっかないこと知らないですよ。それで自分はここに建てたいと。大工なので自分で建てたいと主張しました。家族は反対したんですけれど、主（ぬし）が言うことを聞かない。そこで、皆しかたなく、そこに建てて生活しています。
　やれやれ、前からの津波に勝ったからいいなと思っていたら、今度は後ろから津波がくるという、山津波のことですよね、よそですごい雨だったので。それをうちの旦那は、自分が生きているうちに、若い人は建てられないから、後ろから来たら大変、と石垣を作ったんですよ。
及川　その旦那という人は、73歳ですけど、山津波を実際に経験しているんですよ。集中豪雨の大変さを知っているから、石垣を追加したんですよ。山津波対策ですよ。かなり、頑丈に造られてはいますけどね。
三船　前より高くなっているんですね。
尾﨑　そうです。6m位高くなっている。その分嵩上げして家を建てた。
及川　石は頑丈に造られている。
三船　そこまでやって、どうですか。今は安心して。

尾崎　いや、安心はしてはいません。私らが生きているうちに津波が来なければいいなと思っています。

三船　そうですか。夫がやったから、止むを得ないと

及川　もう少しで、夫婦が分かれるところだった。

尾崎　だから、高台に行った人たちはいいなあ、今日は逃げなくてもと。地震があるとそのたびに、逃げなくてはいけないと思ってしまいます。

金野　高台に行けば、それだけは安心して。

三船　経験者としては気になりますね。及川さんは被災した家を修理して使っていますよね。その場所は尾崎さんより高いところですよね。

及川　高いですね。

三船　尾崎さんの旦那さんは、大工さんなので自分で建てて、自分が建てたから大丈夫と思っているということですね。

大和田　私、毎日被災した昔生活したあそこを通る度に「ああ、今日は夢であってほしい、今日夢であってほしい」と思います。何も無いでしょう、家なんか。

尾崎　避難所で、何かなければ、「あ、家にあるから持ってくる」と思わず言ってしまう。流

されて何も無いのに。

及川　自分も言ってしまった。避難所で「家からとってくる」と思わず言ってしまった。脳が急にショックを受けないようにそうするんですって。おかしくなっていると思った。

自治医科大学の先生方が、定期的に来て、診断、血圧、処方箋を出してくれたの。問診で処方箋を書いてくれる。本人が取りに行けないでしょう。車を持っていない人は行けない。

そのため、車を持っている人に自分だけの用事で行かないでくれ、ガソリンもったいないからと呼びかけた。特にお年寄りはうまく症状を説明ができないので医療関係者を同乗させてもらった。あれは良かった。助かったね。だから、急病人出したりしなかった。医療班に現役の看護師がいたの。高台の避難所にいたの。なんでそこにいたかというと、津波が来るから医療品を用意しておいてと言ったの、家庭の医療品。

津波の時は、庭から見えた。のりこさんと娘さんが。気がせって、走っていったから、津波が来ることに気が付いて、叫んだの、聞こえたの。最初から車で行ったら、気が付かなかった。俺だけ先に車で行ったら、気が付かなかった。

大和田　津波の時は、３階にいようと夫と話していた。

尾﨑　亀が逃げた。

及川　その亀が生きていた。陸ガメが海ガメになった。ボランティアの人が側溝にカメがいるのに気が付いて池に放してくれた。

三船　復興住宅はペット禁止というのがありますね。

尾﨑　アヒルがいてどうしようかと思っていたら、アヒルを岩手大学の農学部が預かってくれてよかった。

おしゃべりしたい

三船　今回は、10年経過して、人間関係とかコミュニティがどうだったか、ということをテーマに来て伺っているんですけれど、どうでしたか。この地区はまとまっていて、避難所の時にうまくいって、仮設住宅でもつながって、それが復興住宅にも繋がっている。そういう感じですね。災害からの復興ということでは、地区としてまとまって理想的と思います。こういう地区はめずらしいと思います。

金野　及川さんが一生懸命やってくれたから、守ってくれたから。それと大和田さんの旦那さんにも、お世話になりました。

大和田　目の前の高齢の方々に気づかい、自宅が出来てからもおばあちゃんに通いましたね。

及川　戸建ての公営住宅に90代の1人暮らしの女性が入居していました。２年前に亡くなりましたが、戸建ての公営住宅での暮らしは近隣の地域の人たちによって孤立することなく、コミュニティが維持されてきました。

大和田　地域の人でね。頼まれないけど行って話し相手をしていました。気になりますからね。あと、やっぱり、おしゃべりしたいですね。仮設にいて、自宅ができてからも、そこのおばあちゃんに通いましたね。上がって、長々とおしゃべりして。

及川　家を建てる資金はあったとしても、後継ぎがいない。そういう方々が公営住宅なんですよ。それを、高層階の何階とかに入れてどうするんだ、というのが私の考えです。一戸建てで、空いたならば他の人が入居して、その地域の世帯数を維持できる。そこを、絶対訴えてほしいです。正しく。なぜ、戸建てがいいかという考え方を。学会等で。今は、私らだけの話なんで、学会等での話でなければ。

三舩　気持ちはわかりました。皆さんの声を伝えるために出版させていただく予定です。

震災のおかげでコミュニティ意識が強くなった

三舩　なかなかこういう話は出来ないです。被災後からそっくり動いて、同じ人達だからこういう話ができるのでしょうね。コミュニティが維持された地区の理想的姿と思います。

大和田　今、笑っていますけど、津波が夜だったら。真っ暗だし、寒いし。下半身が感覚なくなって話す気も無くなったと思います。夜、衛生斑の人が訪ねて来てくれたの「大丈夫ですか」って、足首に傷があり破傷風が心配だから診てもらった方がいいと言われたの。おしっこが出ないと心配と言われたが、出て良かった。トイレ行ったら、ゴミだの土など着いたものが落ちるのよね、サラサラと。

及川　今のは被災したその日のこと。完全に溺れたおばあさんを連れてきて、その晩亡くなった。溺死ですね。その方の息子さんがいたんですけど、帰ってこられない。後で知って、何でうちのおふくろを死なせたと仁王立ちしていた。年配の人になだめられて落ち着いた。

亡くなったのはかなり遅い時間だった。とても助けられる状態ではなかった。動かしたのは使命感だった。こんな話も今だから話せ、今だから聞けるということがある。下手に聞くと良くない。聞いて、しまったと思うことがあった。同級生に「どうだった」と聞かなくて良かったと思っていることもある。聞けないし言えない。でも今だから言えることがある。

三船　皆さんの心が復興してきたから、言えるようになった。

及川　そういうこと。でも、家族亡くした人とは同じようにはできない。しかし、自分たちの心の復興はできたような気がする。

大和田　身元分かった人と分からない人とは違う。亡くなった方がたくさんいた所では、話せなかったかもしれない。

三舩　こういう表現はどうかと思いますけど、重要な話ですね。皆さんが乗り越えてきたから言えるようになってきた。これは地区のまとまりというかコミュニティのおかげですね。

及川　家を無くしたということは諦められるけど、家族を無くした人とは同じレベルじゃ話しができない。心の復興は、私たちはできてきたような気がする。家族を亡くした人は10年経過しても心の復興ができていないと思われます。

大和田　身元が分かった人と分からないもいる、分からない人は踏ん切りがつかない。

及川　立ち直るということでは、NHKの朝ドラの「おかえりモネ」と同じでしょう、おかえりモネの中の男の子の父親。

大和田　そうだね、男の子の父親もわかるよね。あのような感じは。

及川　家族に言われて、踏ん切れた。

大和田　生きていればということだね。今でもまだ「よく生きていた」と言われる。

尾﨑　どこかへ行った時に、復興したばかりの時に、大船渡で夏祭りをやって、まず、逃げるのはあそこだよと示してから、お祭りを始めた記憶がある。
及川　どこを目指して走るか、ということをはじめに話してからですね。
三舩　こういう話ができるというのは珍しいですよ。これは、同じメンバーでコミュニティが維持されているから出来るのでしょうね。
及川　震災のおかげでコミュニティ意識が強くなったということです。
三舩　そのようですね。心の交流という意味で一段深まったと言えるかも知れないですね。
これは、避難所から仮設住宅そして復興住宅まで同じ地域コミュニティが維持されたから深まったと言えると思います。これは本来的な地域の復興の在り方といえると思います。今日はありがとうございました。

3　いつまでも被災者という感じ

岩手県陸前高田市　市営住宅下和野団地

市営住宅下和野団地は、陸前高田市で嵩上げにより最初にできた復興団地です。そこでこの団地を選ばせていただきました。できてから7年目。鉄筋コンクリート造7階建ての2棟の建物で、市役所の前にあります（図．９）。平成26年10月１日から、１２０世帯の定員で、現在１１５世帯が入居しています。

名称：下和野団地

所在地：陸前高田市高田町字下和野１－２他

構造：鉄筋コンクリート構造、１号棟：７階建て、２号棟：６階建て

戸数：１２０戸

竣工年：平成26年

今回、ヒアリングは令和３年11月21日㈰に行われ、参加したのは下和野団地自治会長の福田靖さん（80代）、佐藤頼人さん（70代）、神原津恵子さん（70代）、菅野えり子さん（70代）、佐藤ヒデさん（90代）、柳下サキ子さん（60代）の６人です（図．10）。会長の福田さんは、かつては消防団員だったそうです。なお、柳下さんは県営の団地に入居し

図．９　市営住宅下和野団地
左側は市役所

ていますが、今日は市営のミーティングに参加してくれました。

今は被災者以外も入れる公営住宅に〜仮設の時はお互いが顔見知りで良かった〜

三船　今日はお忙しい中ありがとうございました。ここは復興住宅でしたが、今は一般の公営住宅になったということですね。

福田会長　去年からですかね。今は制限が無くなったから、一般の若い人達が入ってきます。そのため、高齢者と若い人のギャップがあります。

佐藤（頼）　若い人は仮住まいのような感じで入っている人が多くて、それで自治会の活動に入ってこないんです。いわゆる家を建てるまでの間ということです。現在、コロナ禍で自治会の行事はできません。今年は大掃除だけです

図.10　ヒアリングのメンバー

ね。それでも出席は高齢者だけです。仕事に影響が無いように日曜日を選んでも出てこない。

三船　自治会はそういう状況ということですね。

菅野　会長さんの言った通り。コミュニティと言っても、私たち、2号棟の2階なんですけど、その人たちの名前しかわかりません。15軒かな。

三船　同じフロアの人しかわからないということですか。

菅野　そうです。それでも顔も知らない人もいる。

神原　入れ替わりもあります。最初から住んでる方はわかりますけど、後から来た人はウ～ンて感じで。同じ15軒でも半分くらいしか顔も理解できませんし、エレベータで会ってもどこの人かどこに住んでいるのか、ましてや1号棟の人なんか全然わかりませんという感じ。

女性複数　わかる、わかる。

三船　東京並みですね。

神原　15軒は、町内会費を徴収にいきますから一応わかるわけで、それ以外の人はわかりませんね。一年間分まとめて納めている人もいるから。

佐藤（ヒ）　今、津恵子ちゃんが言ったようなことが事実なんですよ。私のところで数えてみたら最高齢90歳。廊下とか階段ですれ違う程度ですよね。たまたま203号の列は隣近所にいた方たちが多いので。なにかあったらおすそ分け、そういった交流をしました。上の階の方とかはわからない。1号棟、2号棟と2つあるんですけど。

神原　2号棟だけで1号棟は全然わかりません。

福田会長　仮設の時は、皆平屋で、外へ出ると全てわかった。そのような意味ではお互いが顔見知りで良かった。しかし、復興の共同住宅に入って、それぞれが階で分かれ個室になり、全く変わってしまい、付き合いがなくなり、隣が何人家族かも分からなくなった。

玄関ドアが開けにくい

三船　状況がガラッと変わり、個人情報保護になったということですね。

佐藤（ヒ）　そして、玄関のドアが重くて開けづらい。風が強いと圧力で開けられない。

菅野　うちは、引き戸だったからよかった。車いすだから。

三船　車いす対応の部屋があるのですか。

菅野　10世帯あるんです。それは引き戸で。バリアフリーみたいに。

佐藤（頼）　2階と3階に。

神原　車いす使ったことあるからこれは助かりました。段差がなく車いすでそのまま入れる。

福田会長　換気扇回しているからドアが開かない。台所の換気扇をかけていると開かない。
佐藤（頼）　俺は気にしてないけど、たばこを吸っているから換気扇をかけている。
菅野　どこか1か所、開けておくと全然違う。全部閉めちゃうと開かない。
神原　料理して換気扇かけているとそこ開けづらい。
佐藤（ヒ）　何かあったときに、やっぱり開かないっていうことはちょっとどうか。
福田会長　俺も気にしてない。そういうものだと思っているから。
三舩　空気が抜けて負圧になっているから開かない。今日は情報交換会ですね。

インンターホン問題

三舩　インターホンはどうですか。

佐藤（頼）　いちいち呼ぶなって思う。

佐藤（ヒ）　外の人が押すでしょ。ピンポンと。玄関まで行くのに時間がかかる。

福田会長　若い人ならパッパッと行けるからいいけど、俺らみたいに年だと行くまでが大変。

佐藤（ヒ）　何かでピンポンした時に、ここに住んでる人が若い人か年配の人かがわかっていて、若い人は玄関までの距離をタタタッて行けるけど、年配者ならまだ時間かかるなって、そう思ってくればいいんだけど、そうでない人は押しただけですぐいなくなっちゃう。

三舩　そういう問題もあるってことですね。

神原　何かをしているときに、なかなか出られない。でも、「今行きますから待ってください」と言って、それから出ていく。それを利用すれば少しは待ってくれる。

佐藤（ヒ）　玄関のドアあけて、「ハイどちらさまですか」っていう生活してきたからね。

菅野　皆この辺の人たちは一戸建てで、そんなふうにして、インターホンなんか使ってないから、中から大きい声出している。どうしても箱の中に入っているので難しいです。

三舩　それは、慣れということですか。

菅野　慣れるまでって容易じゃないかね。

鍵、生活が重くなる

柳下　田舎で、「おーいお茶飲もうか」と、そんな雰囲気だったから。それが、こういう所に入って、カチッとしたドアがついて、行ったり来たりが不便になって、鍵かけるのを忘れたりする。誰も泥棒はしないけど、あれ、鍵かけたっけって戻ってきたりする。

佐藤（ヒ）　ドアに鍵かけるって習慣が何十年もないから。外に出て、鍵かけるっていうのがね、本当にやったことないことが、新しい所へ来て、始まったというのが一番の違和感ね。

菅野　家族がいれば、人が中にいれば安心だけど、一人だと。

三船　要は人間関係がつくりにくくなったということ。

菅野　交流がしにくくなった。交流が減った。

柳下　みんな、回覧板は玄関さ置いていく。交流が難しくなった。

佐藤(ヒ)　今までの生活は玄関開けっ放しだった。鍵かけている家は留守の家でね。何かあったら開いているから中へ入れてけろって。置いてってけろって。いちいち鍵かけろっていうのは、生活が重くなるのよね。

佐藤（ヒ）　履物はかないで、玄関のドア開けて。それこそ裸足じゃないけども。ぴょんと土間さね。靴を履かないで。

三船　もう一つお伺いしたいですけど、高齢者の状況はどうですか。

福田会長　地区ごとに見れば、ここが高齢者の率が一番高い。これは抽選です

神原　私一番先に申し込んだのがジャンケンで負けてくじ引きも負ける。そしたら、一部屋ずつが2戸空いたって、そっちにおじいちゃんとおばあちゃんの2組が応募して。またジャンケンで負けるって思ったら、この人たち取り下げました。市役所の人から一部屋でいいですかと

聞かれたけど、しょうがないから、1Kでいいから入れてくださいと返事をしました。

福田会長　2号棟は申し込みが多くて、抽選で外れて。高齢者が上に行った。

三舩　高齢者が上に行った。ますます高齢者は出不精になりますね。

佐藤（頼）　最初の計画はね、ここができたときは、2階、3階は高齢者、後は若い人たちは上の方に行って。阪神・淡路大震災の意見を聞いて、そういう入居の仕方をしたんです。

福田会長　応募者が2号棟に集中してしまった。俺の方は1号棟で何人もいないから。1回目の抽選で自分の好きな所へ入れた。

佐藤（ヒ）　私は申し込みするときに、運動不足だからって、その時は84、5歳になっているから、2階をお願いしたいとは話しました。階段降りるのは運動にいいって感じで。それは叶ったけど。でも、そういうことがあったなんてね。夢にも思わなかった。おかげさまで一番いいとこ、日当たりのいいとこさ入れた。

三舩　部屋の中に入っちゃうと個人の生活は確保されている。だけど、隣との関係とかはないっていうことですね。

神原　隣とは仲良くやっていたから。大久保さんだべ、菅野さんだべ。すごくいい関係。

世帯主しかわからない、それも会長のみ

福田会長　高齢者で動けない人をどうしようかという問題がある。それが、個人情報とかってひっかかるんだなあ。個人情報って言われるとなんもできない。何人いるかもわからない。

三船　家族が何人いるかもわからないというのはどうなんですか。郵便受けには名前も出ていませんね（図.11）。これ大きい問題ですね。

菅野　私たちはわからないけど、会長さんはどこに誰が入っているのかわかるのでは。

福田会長　わかんないよ。個人情報だから。世帯主しかわからない。市役所も教えない。

菅野　行ったり来たりしている人の家族構成はわかるけども、それ以外はわからないですね。

福田会長　去年、亡くなった人いるよね。葬儀場の看板に下和野団地と出て初めてわかった。団地では誰が亡くなったということも看板が出ないので皆さんは知ることができない。

三船　亡くなった方は世帯主だったからわかったんですか。

福田会長　世帯主ではないけど、喪主でわかった。

図.11　郵便受け
名前が無いのが多い

菅野　団地の1の2としか書いてない。1の2じゃわからない人もいるでしょ。
三船　地域での人間関係が以前に比べて希薄になった。
佐藤（ヒ）　前はね、その土地に50年も住んでいる人だから、みんなわかって遊びに来るの、子供が生まれたってお祝いしなきゃって、いろいろやっていたけど。
福田会長　ここの下に管理会社が入っている。そこでも教えないから。全然わからない。

いつまでも被災者という感じ

三船　話題を変えて、特にご家族が亡くされた方には話しかけるのは大変だという話がありです。気持ちが落ちていると思うんですよね。そのような方々とどう接したら良いのか。
柳下　同じ亡くなっても、奥様とか子供さんを亡くしている人と、同じ兄弟でも、義理のとか、そこの違いももちろんあると思うんですよ。辛いのは当の本人ね、身内を亡くしている人が本当につらいと思う。
　仮設にいたとき、最初は、誰が亡くなったというのはかわからなかった。最初の1年くらいはどうやって接していいかわからない、そんなことがありましたね。だんだん人の交流ができて、そこで「あの人こうだったんだよ」とか、だんだん話をするようになってから、「この人旦那さん亡くしたんだって、あの人は息子さん亡くしたんだって」と。そういうことが聞こえるようになってから接するようになって。最初は本当にわかんないから、ちょこっとしゃべっていました。

福田会長　俺は避難所が被災したので、より高い場所を求めて火葬場に避難した。そして火葬場の駐車場で車の中で3日間過ごした。そこでいろいろ亡くなった人の話を聞いた。そのことも忘れられない。

神原　奥さんと息子さん2人亡くしたと後から聞くとねえ。始めからそういう話はないから、それはひきずります。

三船　戸建てと違って共同住宅に住んでいると、人間関係がますます希薄になるわけですね。

福田会長　仮設の時は平屋で、みんなわかって繋がっていて良かった。共同住宅では、階ごとに分かれ、個室のようになり、人間関係が無くなった。

柳下　今、普通に住んでいる人と、私らこういう建物に住んで暮らしがなんか違うっていうか、そこでなんか線が引かれちゃうのかなって。そういうふうに見なきゃいいんでしょうけど、なんかいつまでも被災者っていう感じが、ずっと続くような気がしている。

心の復興には励ましあって

福田会長　お互いの心の傷にはいつも触れないようにしています。

神原　他人の傷には触れないで、わかっていても知らないふりをしようってことになっている。本人が話せばだけど、こっちからは話さない。やだもん。自分達だって。

福田会長　一緒にいたからわかるけども、Aさんの関係の人が来るでしょ。一緒に探したという人が尋ねて。でも本人は全然言わないから、そこで知る。

神原　私は、仮設にいたときに大体はわかっていたけど。ここへ来て本人の口からこうだよって、今、娘さん釜石へ来ていたってことも本人の口から聞いた。

三船　被災してから10年経過して、本人が話せばということですね。

福田会長　10年経過して、だいぶ元気になってきていると思う。

神原　頑張らないと、という思いは、心の中にそれぞれ持っていると思う。Aさんもしゃべるようになったから、少しは気が楽になってきたかなって、みんなそう思って聞いている。いつまで落ち込んでいてもね。本人が吹っ切れて心を開かないと。

福田会長　そう、落ち込んでいても仕方がないと思って、自分から出て行かないと。

神原　それから月日が経って普通に接するように、向こうもね。そういう人、何人かいますので、その話題には触れないです。

本人はもちろんずっと、それこそ一生そんな気持ちは持っているんだろうけど、そこを見せないで元気に明るく私らにも接してくれている。昔みたいに。そこはお互い、亡くなった、亡くなっていないの違いだけで、あとは同じ被災者で。

神原　私自身も、話して聞かせようと思うけど、ここさ寒いと今でも、ボボボボボって、この中がザワザワザワと、拒否反応です。それだけやっぱり深いってことなのかね。

柳下　一生、忘れないからね。阪神・淡路の時、テレビで大変だってそのときは見ていたんですよね。仕事場にいたときにテレビの画面からいまだにその光景は目に焼き付いて。それこそ20年後に自分たちも経験したでしょ。

菅野　私もおばさんとここまで水に入ったからいまだに水は見られない。トラウマです。しゃべると光景が出てくる。

菅野　いまだに映像も見られません。気持ち悪くなっちゃう。3月になると、テレビで流しますって言うんだっけ。

佐藤（ヒ）　死ぬまでにボケてしまえばいいんだけど。

柳下　2月、3月になると毎年夢みます。まあ、しょうがない。私らだけでなく、日本全国、全世界、被災した人たちはこういう気持ちなんだべってな。自分たちが初めて経験してね、被災して私らは家を無くしているけど、同じ陸前高田でも高台で家を無くしてない人もいる。だけどその人たちもそこでお子さんや奥さんを亡くしているかもしれないし、差はあるかもしれないけど、同じ被災者なんだろうね。

三船　同じ被災者ですね。そういうのは忘れられないものなのでしょうね。

柳下　忘れないねえ。3・11のときにそれぞれ皆さんの行動が違って、でもこうやって生きていたってこと。そこで皆励ましあって、今日まで来たし、これからもね。

陸前高田の復興について

三船　陸前高田の復興についてはどうですか。空き地が多い（図.12）と言われていますけど。

図.12　陸前高田市の状況

福田会長　それは仕方がない。

佐藤（ヒ）　町が無くなって、あまりにも遅すぎて、みんな高台に土地を買ったりなどした。

福田会長　代替地が遅すぎたんだ。だからみんな待ちきれなくて高台に家を建てたんだよ。

柳下　防潮堤も相当な金額でしょ。津波って、防潮堤を建設したから完全に防げますって、そういう保証ないじゃないですか。

金額をかけるのであれば、ここの土地を嵩上げして高くするのじゃなくて、土地はそのままにして家を建てて防潮堤を高くする。でも防潮堤を高くすると逆に怖いですよ、海が見えないから。いざ、逃げろと言ったって、防潮堤の陰がどういう状態になっているか想像つかないし。かえって見えた方が良い。

だから以前は防潮堤の高さが5ｍあって津波が来ないと思っていたから、油断して皆さん亡くなった方もあったでしょう。そういう経験もあるし。こうしたから命を完全に救えますってのもないし。次は、高台に全員逃げることにすれば、家は津波に流されても命があれば何とかなるって。

福田会長　3・11の前の9日に同じような地震があったでしょ。あの時は津波が来なかったでしょ。それも油断があった。

女性複数　そのときは、私も逃げませんでした。

福田会長　９日のときは墓石が動いた。しかし、11日の津波がきたときは地震で墓石は動かないんだよね。

神原　９日の地震で何でもなかったから、次の11日では安心してた。津波って頭がなかった。

皆さん　そうそう。

三舩　今のお話だと、前の地震で何もなかったから安心があったということですね。今度はどうですか。今はもう上にいるから大丈夫だなって思っていますよね。

女性複数　そうです。

佐藤（ヒ）　今は安心です。ここ倒れたら世の中の建物はみな倒れるよ。だから大丈夫。

神原　６階さ行けば大丈夫。３・11のとき、もし津波が来てもおそらく家を全部持っていかないだろうなって思っていた。来ても、１階くらいかなと浅はかな考えでいた。防潮堤があるし、そこまで大きな津波は来ないだろうなって。

三舩　要は、そういう想いがあったってことですね。今度は津波が来ても被害は受けないだろうな、そういうことでは安心だ。ただ、人間関係などが分断されて希薄になったといいうことですね。そして心を閉じている人は、自分から心を開くということですね。

神原　そういう気持ちを持って、自分から外へ出て行くということです。

佐藤（ヒ）　できるだけみんなと仲良くやっていきたいなと。死ぬまでここにいるんだから。ここが終の棲家ですから。ここにいる以上は仲良くやりたいって気持ちはあります。

三船　ここにいる以上仲良くやりたい、それは結論ですね。

今日はありがとうございました。

4　県最大の共同住宅で会長選挙

岩手県陸前高田市　県営栃が沢アパート

陸前高田市の栃が沢住宅団地は、岩手県では最大規模の高台移転の団地ということで選びました（図.13）。世帯数は301世帯です。

隣接して陸前高田市消防本部と消防署、消防防災センターがあります。

・名称：県営栃が沢アパート

図.13　県営栃が沢アパート

・所在地：陸前高田市高田町字栃が沢
・構造：鉄筋コンクリート構造、1号棟：8階建て、
　2号棟：9階建て
・戸数：301戸
・竣工年：平成28年

ヒアリングは令和3年11月21日(日)に行われ、参加した方々は自治会長の中川聖洋（80代）さん、副会長の及川幹雄（60代）さん、民生委員の菅野礼子（70代）さん、近藤乃子（80代）さんです（図.14）。

大規模な共同住宅に住んで

三舩　今日は、会長選挙という忙しい時にお集まりいただきありがとうございました。

今年は、震災から10年経過して、今どういう気持ちなのかということを、お伺いさせていただきたいと思

図.14　ヒアリングの状況

います。震災以前は戸建て住宅に住んでいたと思いますが、震災後10年経過して大きな共同住宅の団地に住んでおり、すっかり生活様式が変わったと思います。以前と比べて人間関係がどうかとか、コミュニュテイについての問題についてです。

それと、ご家族を亡くされた方とは、話せないとよく聞きます。そういう方々は、どうやって元気になっていけば良いのか、心の復興などをお伺いしたいと思います。

菅野　私、千葉県で共同住宅に住んでいました。親の身体が悪くなって、20年位行ったり来たりして被災したという立場です。こういう建物の住まい方というのは大体分かってはいました。被災したそれぞれの人の成り立ちが違うでしょう。見たことも、入ったこともない住宅に、いきなり入ってくださいと言うことだから、戸惑っていると思っていました。

三船　まあ、千葉とか東京の場合、通常は望んで入るわけですからね。

菅野　ここの人たちは否が応でも入るわけですから、大変だったなと思います。

近藤　私はここに来て2年目ですけれど、主人が認知症の為に共同住宅に入れなかったんです。お陰様で個人の貸家に。ここに来て、いろいろ問題はあるでしょうが、結局は個人ですよね。仲間に入ろうとか仲良くしようとか努力をすれば、けっこう楽に入れるんですよね。

中川会長　そういう考えの人が一人でも多くいればやり易いんですけれど、そうでないから。

菅野　東京の娘と、つながりのある方がここにいらっしゃったので、それで安心して、ここで。どういう方法で仲間に入れるかというと、体操が一番。ラジオがかかれば、お話もできなくても体操が始まるわけでしょう。そのうちに交流ができる。まずここに来たら他人に干渉しないこと。そして、自分がいかにしたらここにいやすいかということを考える。

中川会長　それが大事です。そして、体操の後に30分程度お茶をして雑談する、それが良い。

近藤　体操の時に、85歳以上の人の話を聞いています。しかし毎日聞くのは大変ですけど。

私なんか図々しいから、及川さんを使っています。なかなかそれはできかねるけれど、声かければ助けてくださるから。それは、共同住宅の中に可能性はあるから。

三船　副会長さんも一言いかがですか。

及川　私も仕事ではこういうものを作ってきたけど共同住宅に住んだ事もない。想像はできているわけですが、いざ共同住宅に移ってみると、「あーあ」と、全然違うんですよね。人の交流とか、人と深く交わるわけでもなく、生活パターンがかなり変わってきました。

問題点は

近藤　たまたま抽選で一緒に入ったんです。及川さんは、高齢者のお友達を作れない人達を東屋に集め、皆の中でいろんなお話をして、盛り上げています。そういう人達もいます。

及川　来た時から、高齢者の人達を集めてと言われた。

中川会長　居場所がないというのが問題。市営住宅というのは、下に集まる場所があったでしょう。交流クラブというのが。

三船　県営はないんですか？

中川会長　ないです。そういうことにも大きな違いがあるんですね。市営では、社会福祉協議会が入って一軒一軒管理しているんですね。入って管理しているから役員は楽ですね。県営は逆で、一から十まで、全部自分達で、駐車場なども管理するというのが条件なんです。

三船　それって初めから分かっていたんですか。

中川会長　もちろんある程度は分かっていました。

菅野　でも、県営と市営の違いなんて誰もはっきり分かっていなかったと思うよ。

中川会長　そういう違いは入ってみて分かりました。

菅野　市会議員さんに助けてもらいました。

申し訳ありませんが今日は用事がありますので、先に帰らせていただきます。

三船　これまでですね。短い時間でしたけどありがとうございました。

及川　市営住宅にすれば良かったと思うわけですよ。
近藤　それぞれですね。市営に行く人は市営で。
中川会長　それぞれ言い分はあるけれど、入った以上はお互いにやっていかなければ。
近藤　私たちは、地震とか大雨の時に、避難しなければならないところにいたので、それから見ると安全で安心です。そして、人間関係についてはあまり人に入り込まないことね。
中川会長　人の悪口を言えば、必ず自分に返ってくるから、それだけは絶対注意しないと。
三船　定員は３０１世帯とのことですが、現在は何世帯入居していますか。
中川会長　入居者は２２２世帯です。
三船　最初は満員だったんですか。
中川会長　いや２４０世帯ぐらいですね。
三船　最初から空き室はあったということですか。出てった人は20人くらいですか？
中川会長　いや出る人もいれば入った人もいる。
及川　そもそもは被災者専用でしたが、現在は通常の県営住宅として一般開放しています。
中川会長　共益費の関係で、ある程度人数がないと大変なんですよ。皆さんが。エレベータの電気代とか、街灯や通路の電気代を負担していますから。

三船　それは皆さん分かっているんですよね。
中川会長　分かっています。夏場は半分くらいで、冬場は倍になります。
及川　冬場は凍らせないための電気ヒーターの代金も。
中川会長　負担が大きいですよ、これは。そのため、一軒でも多く入ってもらわないと。
近藤　1号棟と2号棟は交流が無いですよね。
中川会長　私たちは役所と行ったり来たりしているけれど、一般の人はそういうのはない。
及川　それと、いざこざとかが近所同士でありますね。合う、合わないがありますね。
近藤　ここはもめ事の少ない所ですね。聞こえてこないだけかな。会長さんの所へ行くのか。
三船　マンションと言えば、東京は完全に個室、個の世界ですよね。この団地の入居者は同じ地区の方々ですか。
中川会長　いやそれは違って、53箇所からの集められた方々です。市営だと、ある程度まとめるようです。人間関係を良くするために体操が良い役割を果たしている。

音の問題、郵便受け、表札

近藤　この建物は響きが少ないので私は気にしていませんが、音が気になる人がいます。

中川会長　しかし、音を気にしている人は多いです。

三船　戸建てと共同住宅の違いですか。

及川　これまで、共同住宅はコンクリートで固めた部屋だから聞こえないと思っていた。快適な生活でしょうと聞かれるがとんでもない。話し声が聞こえる。吸音材が入っていない。民間のマンションと違って、コンクリートの上にクロスを貼っただけだから。テレビがガンガン、夏は窓を開けているからうるさい。電話の話し声が聞こえる。

中川会長　窓を閉めていても換気扇の穴が。そして、タバコの煙がうるさい。洗濯物がにおう。

三船　直接やりとりしないようにと言われると、ますます人間関係が希薄になりますよね。県は、住民同士のイザコザには直接対応しないで、県に連絡して欲しいと言っている。

中川会長　しかしそれは、しこりが残らないようにという問題ですね。

三船　皆さん表札は出しているんですか

及川　私達は出しています。しかし、ポストに名前を出そうとしない（図･15）。表札も出そうとしない。名字だけでも出して欲しいと皆言っています。自分は郵便配達の方が困らないようにフルネームを出しています。

三船　やはり個人情報ですか。

中川会長　そう、個人情報を言われると何もできない。

及川　名前も個人情報ということなのかと。苗字だけでも出して欲しい。何かあると、部屋に戻って一覧票を見て何号室だったかと確認したりする。

中川会長　ポストに新聞がたまっていると、その家に行って確認している。巡回はしている。

近藤　甥が立派な表札をつくって、親戚がくるから出した。しかし、本当に出す人がいない。でも少し増えたような気がする。

中川会長　出すようにお願いしていますけど。

図.15　郵便受けの状況
名前が無いのが多い

会長選挙と自治のあり方

三船　このような話の時ですが、今日は選挙ということですね。夜、開票、選挙で会長を選ぶ。

中川会長　次は誰が会長か分からないですよ。

三船　誰か対抗馬で会長選挙に出る人がいるんですか。自治会は、いやだという人が多いと思

います が。

中川会長　会長は２つの方法で選ばれるんです。今年度の役員と前年度の役員あわせて四十数名で１人代表を選んでもらう。これに対して、この人ではダメだという人は、全住民から、手を挙げて立候補して、二人で全員投票するわけです。だから、国会と一緒よ。だから、紙代だけでも大変なのよ。資料作るのに。

三舩　驚きました。他の団地で聞いたことがない。普通はやらないですよ。いろいろ回ってきましたが初めてです。それに１年単位はきついですよ。そして、投票してくださいと言っても誰かもわからない方もいますよ。でも盛り上がっているなら自治の可能性はありますね。

中川会長　知らない人もいると思うので、前年の役員も含めて１人推薦しようということです。そしてそれ以外に１人と。しかし、こういうことについては、私としても簡素化しないといけないと思っています。年を取ってくるから、なかなかついて来られない。

県からの要請で、岩手大学が関わっています。それで、自治会とはこういうものですよと基礎を作って、次はスムーズに流れますから。皆さんと名前とか顔みしりになって、役員や構成がどうのと決めて、準備期間に６か月かけて自治会がスタートしました。

大学が入っているからきちっとしなければならない。それはいいんだけど、ここまでやるのというところまでする。来年からは大学は離れますから、年寄でもわかる体制をとっておかないと長続きしないですよ。勉強にはなりましたけど。

及川　骨格を示してくれればいいんですよね。

中川会長　我々は年寄り集団だから、年寄りがわかるようにしないと。そして、サークルは一杯あります。マージャンとか、体操とか、お茶とか。カラオケとか。コミュニティとして。

三舩　それは、良いですね。

及川　私も足腰の達者な人、元気な人を引っ張ろうと思うんですけど、なかなか来ないです。

中川会長　元気のある人は来ないね。

及川　高齢者の割合があまりにも高すぎてわからない。私も最初の頃、わざと大きな声で「栃が沢老人ホームの皆さん今日も元気ですか」と言ったものです。聞かれることが多いのでいろいろ説明しても、わからない、理解できない。

中川会長　エレベータが4台あってその場所に意見箱を4箇所おいている。そこに意見や要望を入れるシステムで、月に1回開けて見ています。そして、皆さんに返事を出すということをやっています。苦情はあっても、誉め言葉は、めったにないから。

三舩　一般論としてそうですね。

及川　文句ばっかりですね。

近藤　高齢者が多いからね。でも、このところ一般の人を入れるようになって、若い人が多くなった。子供達の声が増えた。でも、その人たちは、全然出て来ない。

及川　10年でお金がたまったら家を建てよう、むしろ関りは持たないようにと思っている。

近藤　子どもたちの方が、体操に出ている。

共助が必要、ゴミ屋敷

中川会長　隣に誰がいるか、干渉もしないし、覚えようともしないし、ということですけれど、ここでは、それでは通用もしない。共助の面で関わりを持たないと、助け合いそれをやっていかないと大変です。年配者が多いから気を付けてはいますけど。基本は自助でというけれど、それでは追いつかない面がたくさん出てきている。

だから、共助がないとやっていけないのよ。共助の限界をオーバーすると公助と、国にやってもらうことになると思うんですけれど、今のところは、共助でなんとかやれています。

及川　しかし中には、未だに会長は誰だと、いう人がいる。

三船　全部覚えていることは、ありえないですよね。

及川　役員の顔だけでも覚えて欲しいですよね。

中川会長　コロナがあって、総会は全部集めてできなかったのよね。お披露目できなかったのよね。

及川　そのせいも、反面あると思います。

近藤　私の提案なんですけれど、写真に名前入れて。

及川　役員だけでもね。

近藤　それが発展して、お嫁さん募集とか、年齢はとか。

三船　それは楽しそうですね。しかし、こういう生活になって、個人情報保護とか、プライバシーとかが出てくる。

中川会長　県の方でも誰が住んでいるか公表しないんですよ。

及川　本当はダメなんですよね。情報共有しないと

中川会長　だから、この家に何人住んでいるかも分からないです、県も公表しないから。ここで、住民が管理しなければならないから管理しますけど、自分たちが回ってチェクするしかないんですよ。それをやるのは大変なのよ。

三船　それで得た情報は町会のものとなるわけですね。

近藤　本当に、政治とかではなくて、会長さんたちがゴミ出せない人たちを把握して、こまめにまわっているんです。
三舩　そういうことですか、さっき共助とか話したのは。
中川会長　足の悪い人とかもいますからね、杖ついてゴミなんか持てないですから。
及川　自分で出せないから、どうしてもゴミ屋敷になって行くわけですね。私も知っている人がゴミ屋敷になっていて、リサイクル業者がいるわけですから、何かの機会に頼めるような関係を築いていれば良かったのですが。
中川会長　今まで、コロナ禍で殆ど行事は無かった。やっていたのは体操だけ。３６５日です(**図.16**)。よっぽどのことがないと休まない。お正月

図.16　ラジオ体操

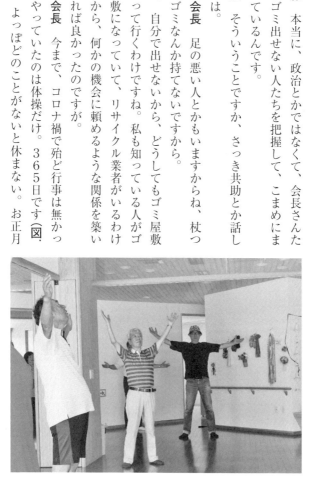

もやっています。9時からやっていました。

近藤　体操に来て、この人は認知症と分かった人もいます。突然同じことを言い出す。

中川会長　5年も経つと人は変わっていますから。

及川　70歳の人が75歳になると、全然違う。

近藤　同じことを言われると言われる方は、つまり聞く方も大変ですよね。

中川会長　家から一歩でも出て話をすればいいんですけど、それができない人もいるんです。

近藤　先に帰ったここにいらした方、民生委員の方ですけど、皆行く道なので聞いてくださいと言う。一軒一軒、回っています。

前向きに過ごすこと

近藤　個人で生活する分には不満が無いですね。要するに個人ですね。昨日、初めて歌謡ショーに出たら、楽しかった。

中川会長　名古屋から来てね。そういうグループはいろいろ来ている。毎月やっています。

近藤　それしか楽しみが無いんです。

三舩　でもそれは、大所帯だからできることですね。仮設住宅にいた仲間はどうですか。

近藤　仮設でのつながりはまだありますね。

三船　気持ちが落ち込んでいる人などはどうしていますか。家族など亡くした人は。

中川会長　あまり深入りしないようにしています。民生委員とか、県のほうにまかせるようにしています。我々では面倒は見切れない。

三船　最後に、こういう復興団地になって生活が変わったと思いますが、いかがですか。

中川会長　車の無い人と、運転できない人は苦労しています。買い物ができない。コミュニティセンターで行っているイベントは多いので利用して欲しいと思います。

及川　車での販売とか買い物バスもあり便利です。ただし、本人が使うかどうかです。タクシーで食事に行ったという話も聞いたこともあります。そして、歩いて行けるところに、生活必需品を売る店があれば良いと思います。

中川会長　コミュニティセンターがあるので、そこまで行けば、いろいろあります。

近藤　わたしはズーズーしいからいいですけど、皆さん自分で行こうとしないと。

中川会長　これまで戸建て住宅に住んできて、今回はやむを得ず共同住宅に入った。戸建て住宅を建てようと思えば建てられる人は半分くらいはいると思う。しかし、後継ぎがいないのでこの中に入っている。息子さん夫婦に一緒に住もうと言われて都会に行ったけど、ライフスタイルが違って、結局こちらに一人で住んだ方が良いと戻った人もいると聞いています。だから我慢してここに入っている。つまり、ストレスを抱え込むことになる。一方で、今の若い人は我慢しない、こういう時代ですので、時間がかかります。

三舩　お互いに我慢が大切で、共助が必要ということですね。今日はお時間の無い中、ありがとうございました。

5　音の問題で、退去した人も

宮城県石巻市　市営門脇西復興住宅

市営門脇西復興住宅は、石巻市では最後に出来た復興住宅です。高層共同住宅で1号棟と2号棟があり、2号棟はペットを飼っている方用の住棟で、1号棟と2号棟は最上階の廊下で繋がっています（図.17）。以前、訪れた時に、富会長からそのような説明も聞いたことがあるので選びました。

・名称：市営門脇西復興住宅
・所在地：宮城県石巻市門脇町5丁目7番8号

・構造：鉄筋コンクリート造（一部鉄骨造）
・階数：地上６階
・戸数：90戸
・竣工年：平成28年12月

令和３年12月10日㈮にヒアリングを行いました。参加者は市営門脇西復興住宅団地会富和一郎会長（80代）、飯塚正六さん（60代）、木村庄造さん（70代）、高橋ちよさん（80代）、松川てる子さん（80代）です（**図.18**）。

三舩　以前こちらの建物を訪問した時に、富会長から、建

図.17　市営門脇西復興住宅
左側がペット棟

図.18　ヒアリングのメンバー

物について説明を受けたことがありまして、今回ヒアリングをお願いいたしました。今日はお集まりいただきありがとうございました。それでは被災した時の状況と、10年後を迎えてどうですかというテーマでお伺いしたいと思います。

富会長　震災から10年経過して、団地でのコミュニティがどうかということが課題でした。それでは1人ずつ。自己紹介からお願いします。

松川　姪から連絡があって女川に津波がきたから逃げろと言われて表に出ました。車が勝手に動いて、駐車場に腹ばいになって逃げました。津波が来る30分前に逃げました。

日和山へ逃げて津波を見ました。屋根の上に上っている人など、被災状況を見ました。加島さんの鳥居のまえで、意識がなくなり、気が付いたら被災していました。その時70歳だったけど、その時聞いた音は他に言いようがないです。

蛇田の仮設に行ったけどその時を思い出すと大変ですが、仮設にいた時は良かった、外に出るとすぐにいろいろ見られた。復興住宅に来たら違いました、夫が痴呆になりそれが進みました。会話が無くて大衆の中に溶け込めない、今は80歳になって老々介護で疲れています。

木村　妹に手伝いに行って、大きな地震でここに来ました。うちは門脇4丁目なのでこの近く。帰ってきた時、今日は車が多いなと思いました。瓦礫で道路では間に合わないので崖を上り、それで山に登りました。それで助かりました。身内で亡くなった人はいません。

飯塚　飯塚です。私は１人暮らしでアパートにいました。地震後、１時間ぐらいで水がきました。犬を飼っていて犬を抱いて外へ逃げました。駅の裏側の北側合同庁舎まで避難しました。自衛隊の車で移動して３か月程度いました。大家さんがたくさん貸屋を持っていて、そこへ入ってはどうかと言われました。

仮設には入らずアパート暮らし、その後復興住宅。犬を飼っていたので、ここが空いたと聞いたのでここに入りました。それまで人と話したことが無く、「こんにちは」ぐらいで、こうして皆さんと話すのは初めてで良かったです。

高橋　この２人は、町のために今はゴミ出しなどやってくれています。

85歳、津波の時はアイノヤさんがあり夕方買い物に、すぐ帰れといわれ、家に帰ったら津波がくるので逃げなさいと言われました。門脇小学校に行きましたが鍵があきませんでした。食料が無いのでセブンイレブンにいって買い物しました。上場の社宅のところへ行ってそこで一晩泊まりました。雪が降ってきたので、関高に行って武道館があいていたので、そこで４か月過ごしました。

夫が腸閉塞になりました。息子は和田に行っていました、そこから１人で逃げました。もし何かあったら門脇小学校に行くと言っていて、息子のことを聞きました。関高の職員室で薬も出してくれました。娘が嫁いだ借家がありました。そこを修理してもらってそこにいて助かりました。山に逃げたので津波は見ておらず、亡くなった人はいません。

富会長　幸い亡くなった人はいない。知っている人はいないが、なんとか明るくしようとしています。松川さんは、皆さんと一歩一歩やろうとしている。私は門脇出身ではないです。門脇のことを松川さんに聞いて教わっています。

三船　ここは最後に出来たと聞いています。

松川　一番遅いです。今まで5年経過しています。

富会長　5年経過して、まだ入ってくる人もいる。今は90世帯より少し欠けていますが、うまく行ったのではないかと思います。

松川　その年班長していた。16件をひと囲いにして、その中で10人亡くなりました。生き残った人は仮設でバラバラになりました。

仮設の時は良かった

三船　仮設の時はどうでしたか。

松川　仮設はごっちゃ、しかし外に出るとみんな見られるので、他人のことがわかりました。最初は寂しかったけど外へでると必ず人がいました。そこで声をかける。ここよりはるかに楽しくて仮設のほうが良かった。今は寂しいよ。長屋でも良いよ。隙間が少しあれば。
富会長　平屋であればすぐ話が出来るが、ここでは閉じこもる人が多いんですよ。
高橋　仮設の時は、腹を割って皆さんで分けて食べたりしました。ここが出来た時、抽選でしたが、被災したところだから入れるよと言われてここに申し込んで当たりました。何回も抽選で落ちた人が来ています。ここにはお墓もあるので。良いと思いました。
三船　抽選に外れた方々の最後の砦だったんですね。ここでは以前富会長から白いものを来た人を見たという話を聞きました。
松川　この辺には美人の奥さんがいっぱい寝ている、という話もありました。何であの人たちは逃げられなかったのかなという話もありました。サッシが外れない家が3～4件あって。亡霊に取り付かれて、3～4回も拝み屋さんに通いました。しかし最近は無くなりました。ここへ呼び寄せてくれたのかと思いました。
高橋　確かに最近はそういう話は無くなりました。
松川　私は、ここの6階に居座る覚悟で、もう逃げません。もう何もすることが無い。NHK

で放映された「青いこいのぼり」で、大曲地区の兄弟の話として3月11日にこいのぼりを上げるようになりました。これがこの近くです。

富会長　今、亡くなった方々とかいろいろありますが、現実を受け止めて、新たに出発しようという気持ちになってきました。それが現状です。しかし、今は個室です。皆さんがどうなのかということで、松川さんが見守り隊をつくってやりながらきています。

三船　ここは、2棟あって、最上階でつながっていますよね。あれは何ですか。

松川　避難用の廊下で、小さい建物はペット用です（図.19）。

三船　飯塚さんが犬を飼っていると言っていましたね。ところでペットの住棟は、全てペット所有の方が入居しているのですか。

図.19　ペット棟（右）との渡り廊下

富会長　ペット所有者は６～７割ですが、ペット非所有者でもペット所有者の方々と同じ棟ということを前提に入居しています。自治会として、住民のためにいろいろやっています。カラオケも良い機械を買った。いろいろ揃っています。東日本大震災で一番の被災地はここなんです。復興住宅に住んでいる方々で何とかしようとしています。コロナはありますが。

三船　コロナが追い打ちをかけた。

富会長　全くそうです。ここにはシングルマザーが多い。働かなくてはならない。１週間働いていたのに勤め先から３日で良いと言われたとか。給料が欲しいところで、そういう状況になっています。１人で３人抱えている人もいます。大変だと思います。あの10万円も早く給付すれば良いのに。

松川　私はどこに入ってもかき分けて飛んでいくほうだから。浜の女なので強いですよ。

高橋　家族がいるのに１人が良いという人もいます。お神酒をあげて。

郵便受け

三船　郵便受け箱に名前が無いですよね（図：20）。あれはどうですか。

高橋　つけなくて良いと言われています。名前をつけるのは嫌だよね。

松川　私は書いています。5階、6階には行ったことが無い、私は4階だから。誰が住んでいるのかも知らないです。

富会長　個人情報ですね。

三舩　全部で何世帯いますか。

高橋　90世帯

富会長　現在は少し欠けています。ここは良く入っているほうです。共益費がある。各階に班長がいて集金も各階ごとにして私のところに持ってきます。公共料金は全て引き落としになっています。予算は賛同していただいています。ああでもない、こうでもないという人はいません。

三舩　さっきお茶会が無くなってきたと言っていましたよね。

松川　コロナで休んでいます。

富会長　いろいろな活動は、そろそろやろうと思っています。

三舩　郵便受け箱に名前がないのは驚きました。初めから書かなくて良いと言われるのは初めてで、そういうものかと思いました。

図.20　郵便受けの状況
名前が無いのが多い

松川　鍵をかけている方もいますね。ポストはいいから表札だけは欲しい。
富会長　最近は詐欺があるので、民間のマンションとは違うので。
三船　部屋の前まで入れますものね。救急車を呼んだということはありますか。
富会長　ありますよ。パトカーもあります。
三船　後で家族から会長に連絡が来るんですね。
高橋　入院する方もいますね。会長さんは大変ですね。長生きしていただかないと。そして、周辺にも戸建てが建ってきた。
富会長　将来、ここはどうなるのかと思います。

コロナ禍での復興住宅の問題は、音、家賃、シングルマザー、独身者

三船　コミュニティとか社会性が無くなっていく。こういうことはどうですか。
高橋　私は3階に入居していますが、最初に入居したときは3階まですぐに行けましたが、10年経って今は2階で息をつきます。端の住居だと11軒分歩かないといけない。
松川　エレベータが端にあるから、真ん中にあれば良かった。
三船　共同住宅ではドアを閉めるとあとは個人の世界ですよね。

松川　そう、ドアが憎たらしいの、北風が吹くとドアが開かない。

富会長　換気扇が回っていると、ドアを開けるのが大変。

高橋　音を気にする人がいる。これは民間マンションではないから音が聞こえる。富さんと松川さんとうちは端だから、片方を気をつけると良いので、他の方々より良いと思う。

三舩　民間マンションより仕様が落とされている、ということですね。

富会長　音の問題は重要です。下の階にシングルマザーのAさんがいる。子供たちが部屋の中を走ると、上の階の高齢者がうるさいという。これが問題になって、シングルマザーのAさんの家族と、その父親がいられなくなりここを出て行くことになってしまいました。

そのため市役所に行ってやりあいました、建築士にお願いして裁判しても良いと言いました。会長として嘆願書も出しました。民間マンションのようにもう少し防音に配慮して頂きたかった。警察問題になって、来ていただいたこともありました。

音の問題では、小学校の低学年は気を使っているし、ここでは赤ちゃんはいません。

松川　他の復興住宅に行った方々に聞くと。ここはテラスが広くて良いと言っている。ここは、くじ引きです。また収入と60歳以上という制限もあって、シングルマザーは入れない。

富会長　これまでは復興住宅ばかりでしたが、最近は震災に遭わない人も入れるように通常の公営住宅になりました。それでシングルマザーも入れます。

さっきも話しましたが、シングルマザーのBさんが、家賃が高くなったのにコロナ禍で1週間のうち3日だけで良いと言われ給料が下がった。これでは子育てができないことになり、泣く泣くここを出ました。

三船　本当ですか。公営住宅に入れなくなったら大変ですね。

富会長　今の問題は、徐々に家賃が高くなることです。

松川　子どもが就職しました。収入が増えて値段が高くなる。5万円払うなら、戸建てにしたい、そうして出て行く人もいます。

富会長　市と話しています。石巻で合同で会議して市や県に話したほうがよいと思っています。皆同じことを言っています。私も80歳になり、年です。家賃は大きな問題です。

三船　平屋が良いということと家賃が問題というのが結論ですね。

高橋　それと国民年金だけだと大変だよーと言っている。皆さん言わないけどね、

富会長　もう一ついうとね。ここは独り者が多くこれが問題です。特に女性も一人者が多いです。先ほども話したように生活が成り立たないということがあるのが現状です。

そして、昨年ご主人を亡くして、1人で6階に住んでいる70代後半の女性が、自動販売機の

前でバタッと倒れました。救急車で運ばれて脳溢血と心臓が弱っていて植物状態になりました。その方にはお子さんの息子と娘さんがいましたが、私達は親子の縁を切っていますと言って引き取ろうとしませんでした。

市役所は、1週間後に立会をしてもらって鍵を開けて室内に入った。室内は電気がついてテレビがついており暖房もついていました。よく火事にならなかったと胸をなでおろしました。絶縁状態というので、市役所で見とることにしましたが、現在も植物状態なそうです。1人での生活は大変です。

三船　一人の意味ですが。震災を契機に一人になった方ですか。

松川　もともと一人の方もいて、離婚もあります。私もその一人ですが震災前からです。

三船　それなら良いというか…、会長さん最後に復興住宅の感想をお願いします。

富会長　復興住宅に入った頃は、建物が新しいこともあり清潔で良かったと思いました。2～3年間はあまり不満も少なかったのではないかと思います。しかし、4～5年経過すると、民間マンションと同じと思っていたものが違って、騒音の問題に象徴されるように不満が積み重なってきています。家賃も高くなり、コロナ禍により収入が少なくなり、加えてロシアのウクライナ侵攻により物価も上昇し、厳しい状況が続いています。

そのため、諦めが先に来ています。お互いに発散も出来ず、ストレスが溜まりつつある状況ではないかと思います。特に1人の方は大変だと思います。それで、私は皆さんに声をかけるようにしています。

三船　声掛けは大切なことと思います。今日はいろいろなお話をいただき、ありがとうございました。

6　問題解決のため自治会の連合会を結成して対応

宮城県石巻市　のぞみ野地区

石巻市ののぞみ野地区は、以前は水田だった地区を新たに住宅地にして大きな復興団地をつくりました（図・21）。そこに他地区からも集まり入居しましたが、仮設住宅の時から連合町会を結成し協力し合った地区です。連合町会は珍しく、そのためこの地区を選びました。新しい住宅地ですが、既に近くにはイオンモールや、小学校と中学校もありました。

・名称：石巻市のぞみ野地区（新蛇田地区被災市街地復興土地区画整理事業）

・区画整理事業の施工面積：46・5ha

・区画整理事業の計画人口：3、300人
・区画整理事業の計画戸数：1、265戸（戸建て住宅：730戸、復興公営住宅：535戸）
・のぞみ野の設置：平成29年11月3日

また、近くには、同様の復興住宅団地であるあゆみ野地区があります。

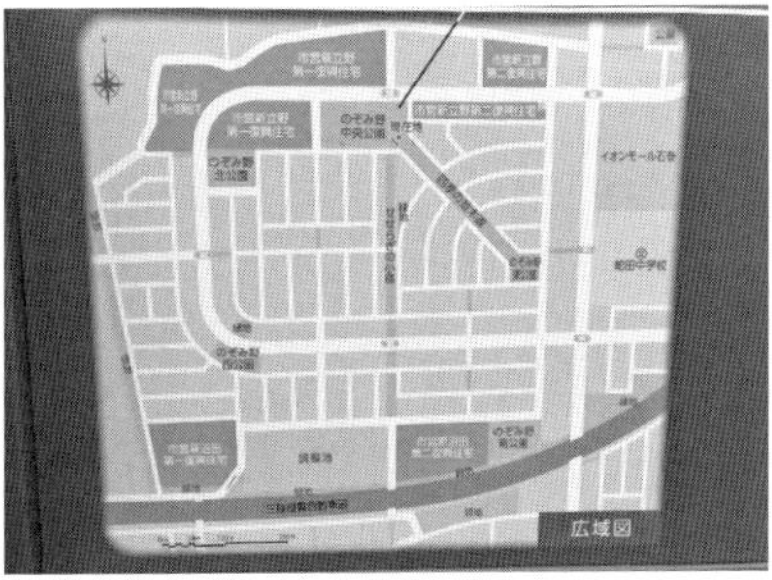

図.21　のぞみ野地区配置図

令和3年12月11日㈯、新蛇田第一集会所で、「一般社団法人石巻じちれん」の増田敬会長（70代）と事務局の大島三千代さん（80代）にお伺いしました（**図.22**）。

図.22　ヒアリングのメンバー

団地の状況

三船　のぞみ野地区は戸建て住宅と復興公営住宅で構成された大きな団地ですね。

増田会長　大きくなったので、市でもここに町内会を作ろうと指導しました。戸建てと共同住宅を一緒にした町内会を作るということで、実際の町名は、のぞみ野一丁目から五丁目までですけれど。それを４分割し町内会をつくりました。

蛇田中学校の体育館で、住民が、入って来られる方々と入っている方々を集めて、どういう町内会作りをするか最初から話し会い、それで今に至ってできてきたということですけれど。いろいろ問題がありますよね。

三船　そもそもここの地区は被災していないですよね。

増田会長　ここはもともと田んぼだったの。それを造成して復興住宅地にして、新しい街が始まりました。私は復興住宅に平成27年４月に入居。以後、６年が過ぎていますね。

三船　区画整理事業で出来た地区で、戸建て住宅と市営の復興公営住宅で約２０００戸が入っている大きな団地です。それに特徴的なのが、他地区では５～８階程度の共同住宅が多いのですが、ここではそんなに高くなく、ヒューマンスケールを感じさせられます。

増田会長　一番高いのは、ここは４階、向こうの沼田は５階です。高さは良いのですが、区画整理による道路が、町会のまとまりをつくる支障になり、集まりにくいです。

三船　皆さん、蛇田地区に住んでいたわけではないですよね。

増田会長　住んでいたところはバラバラで、仮設住宅からです。石巻に134箇所の仮設住宅がありました。

三舩　それが、ここに移ると決まった人たちが集まったんですね。

連合会が出来た経緯

三舩　最初は避難所に行って、仮設に移ったときは皆さん天国といいますが、いかがですか

増田会長　北高の体育館の避難所に2か月いました。仮設に移ったときは本当に天国と思いましたね。一人で寝られました。ただ長くいると不備が見えてきて、あちこち改善してもらいました。床下に水たまりができる、ハエの大量発生。外壁に断熱材が入っていなくて寒い。そういうのをどうしようかと、それを要請するのに一人一人で役所と交渉してもらちがあかない。皆でやったほうが良いということで。

三舩　そういうものですよね、最初は。

増田会長　そういうことで、仮設の人たちが交渉するのに連合をつくったほうが良いと何人かに声をかけた。当時は別の会長がいたので私は副会長で、平成23年の12月9日に「孤独死を無くそう」を合言葉に、自治会が設立されていた5団体で石巻仮設住宅自治連合会をつくり、そ

の後、外部から来た人たちも入れようと、連合推進会も設立しました。

三舩　連合会が出来て、その延長で活動してきたということですね。

増田会長　その後、最盛期は42の団地で最高で３、３００人ぐらいかな。その後、仮設住宅が終わって、こういう役割もこれまでかなと思っていた。

大島　しかし、復興住宅に入ってからも続けて……。

増田会長　他の所で問題が出て来ました。自分が住んでいた仮設を出て他の仮設に入るのは、高齢者にとってすごい苦痛なんだなと思いました。連合会で、カラオケとか運動会など催し物をすると、アーあんた生きていたのと出会いができる。今まで長い間会えなかった人と、ここのイベントで出会った人もいました。そういうことで、続けるのが一番と思いました。

新しく出来たところに徐々に移り住んで、平成29年11月に完成。落ち着いてきたかな。

大島　入居は抽選なんですよね

増田会長　抽選で外れて補欠で７番目でした。市に言われて２番目の希望を出してそちらが当たりました。そしたら蛇田は補欠だったのが次点で入れますよと連絡がきた。どっちに入ろうかなと悩んだ時に、車を持っていたけれど、将来的に車を手放した時に、病院は近いし買い物も近いしと思い、こちらに決断したのが27年の４月。

港だから。育ったところでは街が見えたし、じゃあ、こっちに移ろうかと。

活動の展開、市でもモデル地区にしようと

増田会長　以前は大橋の所に事務所がありましたが、平成27年4月に、ここが空いているので、ここで活動しましょうということで、借りられるようになりました。

ここに住んでいる以上、仮設のことばかりやれないですよね。復興住宅が周りにあるので、復興住宅のコミュニティとかいろんな諸問題に対し、少しお手伝いしましょうということになりました。そして、それまでの任意団体から「じちれん」という一般社団法人の組織にしました。以前の石巻仮設住宅自治連合会推進会は、平成30年3月31日に解散しました。

やり始めたのが、丁度平成28年の頃です。民間の助成金を頂いたり、県とか市の助成金を頂いたりして、いろいろな活動をしてきました。私もここの住人なので、町内会の会館を作ることにも協力し、一番目にのぞみ野第2町内会が出来たんです。それで、のぞみ野1、2、3と順番にやるのが分かりやすいので、一番目に作った町内会だけど、町名に合わせて2番目にしました。一丁目は第1として、そういう形で長年やってきました。

三舩　そういうことですか。

増田会長　平成の合併で、一市六町が合併していろんな問題を抱えた原因になりました。

例えば、沿岸部で家が流されて仕事もしていない。じゃあ、改めてそこに家を建てて生活するよりも、仮設でこちらに住んでいたために、石巻の生活が見えてきまして、こちらの方が病院が近くて買い物が楽、じゃあ、こちらに移り住もうという人達が入ってきました。そういう形で、６町と旧石巻にいた南浜町の海沿いの町が危険区域となり家が建てられなかったので、この辺の便利がよさそうなのでこちらに移ってきました。

浜の沿岸部の仮設に入る人は近くの人ばかり。もともとそこにいた人たちで、もともとのコミュニティがそっくり入った場合、問題はありませんでした。しかし、仮設団地が１３４箇所も石巻にできて、あるところは田んぼの中に作ったり、あるところは山の上に作ったり、そのようないろんなところから集まりましたので、いろんな問題を抱えていました。

そして、問題を解決するために、それぞれで対応するよりも、こういう連合を作って皆さんで交渉した方が、皆さんに共有され早く解決する、ということが基本でした。最初、市は圧力団体のようなイメージで受け止めたようですが、そのようにはせず、徐々に一緒に考えるようになりました。

そのように、仮設住宅の人たちが復興住宅に移ってきましたので、そういう人達で、いろいろ困りごとがあるから自治会活動をするお手伝いをしましょうということが経緯です。

三船　いろいろな人が集まって徐々にできてきたわけですね。

増田会長　それで、懇親会をして、クリスマス会をやったり。いろんな芸能人を呼んだり。

大島　経緯は会長が説明した通りです。市のほうでも戸建てとか共同住宅による（**図・23・24**）モデル地区にしましょうと、自治組織をつくりましょうと考えました。自身では言いにくいでしょうけど、市より指名されたのが増田会長だったんです。知名度もあってですね。

三船　そうですか。これだけ大きい自治会なので大変だと思いました。会長も被災したんですよね。被災状況はどうだったんですか。ご家族は問題なかったですか。

図.23　戸建て住宅

図.24　共同住宅

増田会長　大門1丁目、もともと一人だったので。身内を無くした人は隣の……。

大島　津波で夫を亡くしました。仮設住宅に入って心を閉じていましたが、いつまでも落ち込んでいられないので、皆さんの活動を見て前進あるのみと思いやってきました。仮設にいた時に会長に問題点等も話していたので、6~7年間、連絡スタッフをやっています。

ペットなど

三舩　石巻で、最後に出来た共同住宅でペットも飼える団地がありますね。

大島　こちらもペットは1棟だけ。飼っていない方々から犬の糞の処理が出来ていないと不満が出ています。

増田会長　公営は、メゾネットが住みにくいとか一階のリビングの上が二階の通路になっています。お年寄りは、昼間はリビングにいるので、音が気になります。私なんかは、夜寝に帰るだけだから気にしませんが。

冬の夜は凍って、昼は解ける。雪をそのままにしていかなければなりません。構造上問題がありました。雪の融雪のため電気を取り付けたり、電気料金は今は市が持ってくれているからいいけれど、それを皆さんで持ってくださいとなると全部というわけにはいきません。高くなり、逆に住めなくなってくる人も多くなるのかなと思います。

11年以後は一般的な公営住宅の家賃になっており、またロシアのウクライナ侵攻により物価が上がっています。今は補助金もありますが、その後の状況を懸念しています。

三船　それは公営が抱えている大きな問題ですよね。皆さん同じ問題に直面すると思います。その時に、個別に言うよりも、まとまって言う方が良い。

大島　被災者は、何年も仮設で無料と思ってきたから、転換が大変ですよね。

増田会長　最終的には生活保護になるかもしれない。田舎の人たちは生活保護というと世間体が悪いと気にする。

三船　都会ではあきらめがきますからね。

大島　今は体調の面もあって、自分の生活で目いっぱいです。

増田会長　そして、今は核家族になってきているので、大変だと思います。

土地を借りて戸建て

三船　戸建ての方々は土地を買っていますか。

増田会長　借りている人が多いんじゃないですか。

大島　息子さんたちから買わないでくれと言われて、借りている人が多いと思います。

増田会長　老夫婦でやっぱり家が欲しいということで、出る時は解体して土地を返すという人が多いと思います。収入が月に25万円以上あると入れなくなります。災害公営だから入れました。だけど後から出てくれと言われるほうが大変です。

若い人には共同住宅は家賃がだんだん高くなるから、小さくても建てたほうが安いということで戸建てをつくって出て行く人もいます。また最初からそういうことを考えて、復興住宅に入らないで、最初にいただいた復興支援金をうまく使うこともこれからの課題です。

今はコロナの問題があるので控えていますが、こういう時に感染対策をしっかりして、やるべきことをやるべき。今考えると、仮設だからこそやれることがいっぱいあったんだよね。

大島　だから、仮設のほうが良かったということになります。あれで、関わりができた。良いにつけ、悪いにつけ。

増田会長　トラブルの原因にもなったこともあるし、いろんなことが…。

三舩　それはどこでも聴きますね、仮設の時の人間関係が良かったと。

増田会長　仮設で仲良かったのが、片方は共同住宅に行き、片方は自立再建。それが、向かい同士になったので格差が見えて、それ以来付き合わなくなったというのがあります。

三舩　これも聞きたいところでした。こういうところは言いにくい問題ですね。

増田会長　戸建てと共同住宅で一つの町内会をつくったのはいいけども、そういうことを理解して対応しなければならないと思います。復興住宅は、立地条件が良いけど空き部屋や物置部屋が増えています。高齢者が独りで暮らしにくく、娘さんの所に戻って荷物が残っています。残った物は処分できません。家賃が安いせいもあります。

立地条件の良いこの団地でさえこういう問題もあるので、半島とか辺鄙なところに建設された復興住宅は、そのような状況がますます進んでいると思います。そういう問題を解決しないといけないと思います。

通便受け、音と空き部屋

三舩　共同住宅の郵便受けに名前がありません。住民から石巻市の方針と聞きましたが、書いてくださいと言っているところと、書かないでくださいと言っているところがあります。

増田会長　書いてくださいと言っています。書かないでくださいというのは勘違いじゃないですか。

三舩　そうですか。誰が住んでいるかも分からない。コミュニティの大切さが言われますが、匿名マンションが出来ていますね。

増田会長　そういう時は、入居する前に名前を書くように指導すべきですよね。せめて苗字ぐらいは欲しい。それでもどうしても書かない人は、書かないで仕方ないと思う。隣への郵便物が間違って入っても、誰宛のか、分かりません。

かつては家族全員の名前を書いた表札がありました。字を書くのが好きな人がいて、表札を書こうかと言っています。本来は入居時に書いてもらうのが良いと思います。一時期、名前を書いてとお願いしましたら、少し増えました。今、言っても、何をいまさらとなります。

三舩　音の件はどうですか。

増田会長　うちは一階で、メゾネットなので上を歩かれると音が聞こえます。夏場に窓を開けると、テレビの音が聞こえ、隣でタバコを吸ったのが臭います。そういうのがトラブルの原因になっています。

大島　うちはあまりないですね。線路のそばなので当初は電車の音がうるさいと騒いでいました。今は、６年後ですが、慣れて気にならなくなりました。

三舩　夏、都会では窓を閉めクーラーを使い、地方では窓を開けるのでいろいろ聞こえます。

増田会長　三陸道の住宅の周りは、防音壁作るべきだよね。まだやられていない。そういう予算が無い。それで有料化されるんだから、考えてもらいたいですね。

三船　空き部屋はどうですか。

増田会長　石巻でも3、500戸ぐらい復興住宅作って空いています。ここでも空いています。ここでは102世帯で5か所程度空き部屋です。だんだん増えるのかなと思います。5～6万円払うなら、ローンを組んだほうが良いと若い人達が出て行きます。

三船　ここは良いですよ、他の団地に住みたいと言っても行くところがない状況もあります。

大島　蛇田地区の方々は、自治会もあって集会所もあって恵まれていると言われています。うらやましいとね。

三船　ここは大人数なので、市がほうっておきません。しかし、今は個人情報保護によって、郵便受けに名前出さない人がいて、家族構成もわからない。これは気になります。

増田会長　ここは、申告が厳しくて、一時的に1年間だけ一緒に住むということが出来ません。一般的な民間のアパートは部屋を借りると何人でも住めますが、ここは、住む人が登録されているので、若い人が結婚できず、結婚すると出なければなりません。部屋代が高くなるので、例えば何年間は認めるというようにしないと、大きな問題になると思います。

三船　今日は長時間にわたりありがとうございました。連合会の持つ意味は大きいと思います。これからもよろしくお願いいたします。

7　知り合いが増えてここが一番良い！

福島県相馬市　市営細田東団地・相馬井戸端長屋

相馬井戸端長屋は、相馬市により、東日本大震災で孤独者となった方々を対象に、共助の精神で老後を過ごすシステムとして、考えられた復興住宅です。平屋建ての建物で1世帯12坪、それぞれにトイレと風呂は設けるが洗濯機置き場は共用として設置し、待ち時間に会話が弾むように畳の小上がりのスペースもある。昔の長屋が井戸を共用しそこで話が弾んだように、名称を井戸端長屋としています（図.25）。

共同部分が多く、1日に1回は入居者が集まって同じ食事をとるなど、独自のシステムで運営している施設です。周辺には戸建て住宅があります。こういう復興住宅は他に例がなく、これからの高齢者対策の参考にもなる施設です（図.26・27）。

・名称：市営細田東団地・相馬井戸端長屋

図.25　相馬井戸端長屋外観

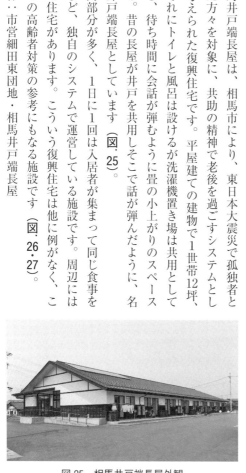

市では「相馬井戸端長屋」として5か所建設
・構造・階数：木造平屋建て
・世帯数：12世帯（1世帯当たりの面積12坪）
・設備：トイレと風呂と台所はあるが洗濯機は共用、身障者用のトイレと風呂は別にあり。

令和4年1月7日㈮にお伺いしヒアリングをしました。参加者は、寮長の福田まり子（50代）さん、但野正剛（80代）さん、小林みつよ（90代）さん、布施

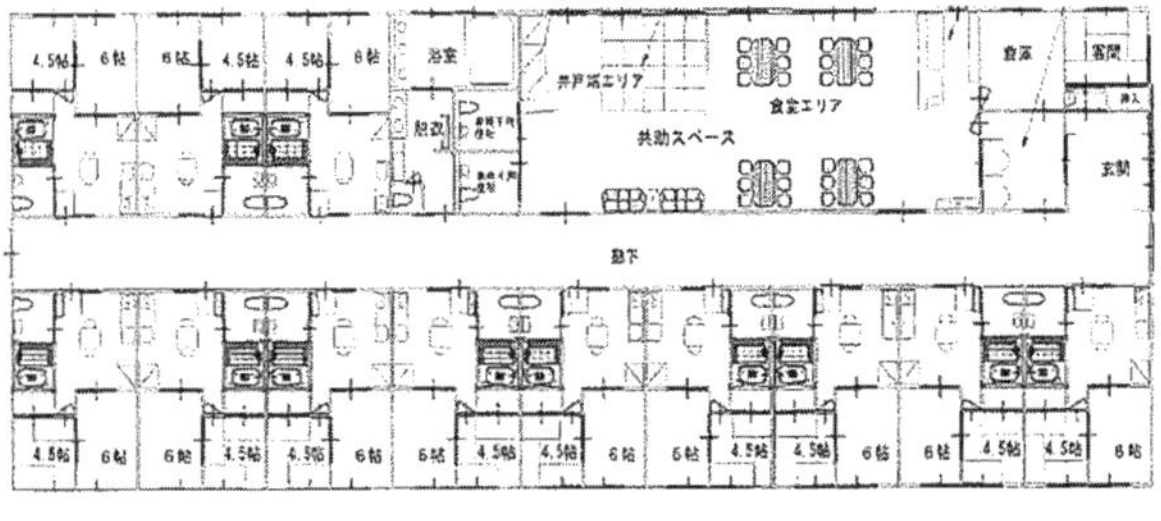

図.26　井戸端長屋標準全体図

図.27　市営細田東団地案内図

ひさ子（80代）さん、大久保隆慈（70代）さん、村田キミエ（80代）さんです（図.28）。市の職員も立ち合いました。

なお、長屋という呼称ですが、建築基準法では、長屋とは各住戸に廊下とか階段やエレベータのような共通部分を通らずに入れる形式をいうので、これは長屋ではなく共同住宅という分類になります。イメージとしての長屋というネーミングと思います。

三船　今日はお集まりいただきありがとうございました。最初に自己紹介とここに住んでの印象をお伺いできればと思います。

福田　ここにきて10年過ぎて、皆さん良い方々が多いので、住み心地が良いです。ただ10年も経過するとコロナがあったり、自然災害など、いろんなことに巡り合いました。コロナがあって、東京にいる子どもたちにもなかなか会えないです。

図.28　ヒアリングの状況

但野　ここにきて1年です。こういう生活初めてだから、なかなかなれないけれども皆さん話しやすい方々なので助かっています。30年ぐらい一人です。

小林　92歳になります。ここにきて7か月になるかな。昨年の5月13日にきました。2月の地震で家が傾いて市役所からこれではだめと言われてここを世話していただいて来ました。旦那は5年ぐらい前になくなり、家は市で壊してもらい来ました。ここではみんな良い人ばっかりで、居心地が良くて、面倒見てもらっています。一生ここにいようと思います。

布施　民宿をやっていました。まともに津波を受けて3階建ての家が流されました。旦那は津波の前に亡くなりました。子供は東京に行っていて、私は一人で、家族は無事です。大野台にいてここに来ました。皆が知り合いばかりで楽しく過ごしています。

大久保　2年近くになります。ここに入ったのは2年前の大雨でアパートが水をかぶり解体され困った。行くところが無いので、市役所に断られたら橋の下での生活になるのかと思いながら市役所に行った時、こういう建物が3～4か所ありますと言われて見に来た。自転車で動くのにここが一番楽なんでここに決めました。

ここに来たら、皆さんお母さんで、毎日本当に楽しいんですよ。特に、いやー福田さんが目配り気配り、皆さんに平等にお世話していただいて本当に感謝しています。

村田　病院通いしています。タクシー代が高くなったから大変。ここに来て半年だけだけど、ここは楽しいからね。何十年も一緒なような気がしています。

三船　皆さん、楽しそうで良いですね。

福田　90歳を超えたご夫婦もいます。その方々は難しかったので声をかけませんでした。

三船　住んでいる方々は、被災した時に一緒に前の居住地にいた方々ですか。

福田　いいえ違います。ここにきて知り合った方々です。私は母と一緒に入りました。その後母は２年で亡くなりましたが、私は残りました。本来ここは60歳からの入居になりますが、母のこともあり50代で入居させていただきました。ここには、まだ元気な方がいます。97歳の方で元気なおばあちゃまです。

三船　震災でご家族を亡くした方はいないですね。ここでもわかりますが、女性のほうが長生きしますね。コンクリートの共同住宅もあり、戸建ても見てきましたが、こういう雰囲気のところはないですね。戸建ては良いのですが、家の中で住んでいる方が多く、人との交流が簡単にできる状況ではないですよね。

但野　皆さんお世話してくれる。ありがたいです。

三船　民宿をしていたという人もいましたね。お世話がすきなんですね。

避難所、仮設住宅そしてここ、ここが一番良い

三船　ここに視察に来て、このように喜んでいる話を聞けて良かったと思いました。

小林　息子がここが一番良いと言って決めてくれたのですが、ここにきて良かった。

福田　ここにいると一日何回かは会話をしますね。

三船　ここにいる方はお互いにどういう状況かはわかっているんですか。

福田　そうです。だいたいわかります。

三船　大震災の後、避難所に入りましたよね、次に仮設住宅、そしてここ、どこが一番良かったですか。

布施　大野台にいてここにきて。やっぱりここです。ここが一番です。知り合いが出来て。

福田　知り合いが増えた、ここにきて出会っている。皆初めてだったんです。

三船　これまで、復興住宅より仮設住宅が良かったと聞いてきましたが、ここにきて「ここの復興住宅が一番！」と、こう言われたのは初めてです。

福田　最初に入ったときはあみだくじで好きなところに入った。

三船　入れ替わりがあったということですよね。やっぱり10年も経過すると。こういうお話を聞いていると、隣に戸建ての復興住宅が建っていますが、一人になるとこちらに入るのではな

いですか。他の施設に比べて、出会いが多いようにつくられていますね（図.29・30）。

福田　今のところ、ここは一杯ですけど。希望者はいるようです。

戸建ての払下げ

三舩　市の方に聞きたいですけど相馬市は共同住宅とか戸建ても立てているんですよね。

市役所　相馬市は戸建てとこのような長屋タイプがあり、アパートは少ないです。なかでも戸建てを多く作ってきました。戸建てが多かったのでいずれは自分の持ち家として使っていただければと考えており払い下げを進めています。津波前は

図.29　共助スペース
手前：食堂エリア
奥：井戸端エリア

図.30　周辺の復興戸建て住宅

元々戸建て住宅という方が多いので、家を持てるようにしています。こういう長屋タイプは5箇所、アパートタイプは4棟だけ。

三船　自治体によっては共同住宅のところのみというのがありますね。そのため、住民が頑張って戸建てにしてもらったというところもある。そちらに比べるとここは天国ですね。皆さん共同住宅の感覚は知らないですよね。

小林　共同住宅は好まれないじゃないですか。息子が「母さんは共同住宅はダメ」と言って、病院通いもしていますから、あちこち見てここに決めた。

三船　こういう施設があるから、管理人さんがいるわけですね。地域のためになりますね。市の方、すみません。このエリアでは戸建てがどれくらいあるんですか。

市役所　65戸ですが、現在、払い下げを進めていて、市の賃貸という形で管理しているのは20戸弱ですね。

三船　払下げが45戸以上、約70%。結構ありますね。戸建てを持ちたいと思っている方には払下げは良いですよね。後継ぎを考えると良いですよね。市に聞きたいですけどこの長屋というアイディアはすぐ出たんですか？

市役所　そうですね市長のアイディアですね。

福田　市長さんの発想すごいよね。

共同住宅で起きていること

三船　他の復興共同住宅で何が起きているかというと、郵便受けにも名前を出さないですね、隣の家族などわかりません。名前も知らないというのが当然あります。

大久保　昔は表札を見て歩いた。最近では隣を知らない。10世帯のアパートだったけど知らない。名前を知ってもらいたくない人が多い。

三船　今はね犯罪が多いので、どうしても個人情報保護のほうがコミュニティより優先されるんです。でも、ここでは皆さん名前を出していますね。

大久保　半月前電話がなりました、出ました。しかし何も言わない。「一言言わないか」と言っても何も言わない。無言電話だったので切りました。5分経過してまたかかってきました。今度は怖い声で出たら相手が何も言わず切りました。着信したので相手の電話番号がわかる。そして電話をかけてくるのを待っているわけです。

小林　私にも電話がかかってきて、自分に電話したのは誰なんだろうと、昔、商売してたから、覚えているのかなと思ったの。電話局に言おうかと思ったの。

大久保　小林さんに選んでかけたのではないんです、相手はあてずっぽうなのです。どこでも適当にかけてくるわけです。ここで、電話をかけちゃダメなんです。

三舩　ここには皆さんがいるから詐欺にはひっかからないじゃないですか。隣に注意してくれる人もいるから。

福田　ここには管理人さんが3人いるので相談出来て良いです。アドバイスも受けられます。「これは出ないほうがいいぞ」とか。3人の管理人さんは70歳前の方ですけど。

三舩　これは良いですね。そのうち戸建ての方々が、こちらに引越してくるかもしれませんね。

福田　戸建ての方々も遊びに来て、管理人さんに相談し、管理人さんが見守りもしています。

平屋というのが良い

三舩　高齢者の孤立対策として良いですね。震災が契機となって。1戸当たり2部屋ですね。

福田　キッチンが広いから、住み心地は良いですね。南は良いけど北はかわいそう。

小林　南はいいけど、北側は寒いよ。隙間風が入ってくる。

大久保　市に相談すると、空いているところを指示してくれる。南向きはどちらですかと聞く。ここですと言われると、そこで良いです、と決める。アパートにいた時と比べてこちらに移ったら天国、素晴らしい。ここにきてビックリした。

小林　息子がここを選んでくれて。皆さんにお会いした時に、よかったなと思いました。

大久保　こちらに来てうれしかったのは、お風呂。アパートは湯舟が高くて入りにくい、ここは短い脚でも入れる。そして足を伸ばせる。

小林　電気のことですけど、ブレーカーが落ちる。

大久保　使いすぎ。余分なコンセントは抜いておきなさい。

小林　落ちた時、福田さんにきてもらってブレーカーをあげてもらう。

福田　皆さん、小さいので、大きい人が対応する。

三船　そういう相談も簡単にできて、結局、戸建てよりいいんじゃないかと思う。

大久保　ここは、女性陣が多いでしょう。男性は勝手に部屋に入れないんです。どうしようもない時は、福田さんに声かけて言ってもらいます。管理人さんがいた時は、管理人さんにお願いしますが。

小林　福田さんには感謝しています。

三船　最後に一言ずつお願いします。

大久保　福田さんは皆さんに注意するときは注意する。しっかりやってくれています。それが有難い。
布施　言うことは無いです。幸せです！
村田　もう1年近くですけど、ここでは好き勝手にできるので良い、楽しくやっています。
但野　80歳以上の人が多いけど、皆さん若くて元気で良いです。
三船　こんなに明るい話を聞いたのは初めてです。市長さんが近代消防社から本を出していて、それを読んで長屋と書いていたので、ここを視察してみようと思ったんです。皆さんの明るい声を聞けて何とも言えないですね。最も良いのは、平屋ということですね。
　共同住宅に入っていた人そして戸建て住宅の人もそうですけど、仮設住宅の時が一番良かったというんです。外に出ると人に会えて、地べたでみんな出来たっていうんです。ここが良いのは平屋だからだと思います。通常の共同住宅の場合、フロアが違って、そして鉄の扉で個人個人に分かれ、付き合いがすっかり変わってしまったという声を聞くのがほとんどです。
　こちらの状況を見ていますと、人間には出会いが必要で出会いでお互いが元気になる、コミュニティは必要なものと思いました。今日はお元気な姿を見ることが出来て私も元気をいただきました。ありがとうございました。

第３章　個別ヒアリング

1　ふさいでいる人を引っ張り出して……知らないふりをする付き合いにならないように

中島照夫・千鶴子：岩手県宮古市　市営港町住宅

宮古市の鍬ケ崎に住んでいた中島夫妻（図.31）は被災し、現在は復興住宅の市営港町住宅に住んでいます。市営港町住宅は、５階建て、各階８戸、合計40戸の共同住宅です（図.32）。

令和３年11月19日㈮、市営住宅を訪れ、中島照夫さん（80代）と中島千鶴子さん（70代）にヒアリングを行いました。中島照夫さんは、東日本大震災の３年後にもヒアリングをお願いした方です。

避難所の関係は親戚以上

三船　久しぶりです。お元気でしたか。前回は3年後ということでヒアリングをしましたが、今日は10年後ということで、被災した時の状況からよろしくお願いいたします。

中島（夫）　木造の1軒屋で10部屋程度あった家に住んでいました。津波がくるとのことで高台に避難しました。宮古市は高台が近いのですぐ避難できました。津波がきて、自分の家や近所の家が津波に流されて行くのをみました。そのように鍬が崎の建物が全て次々に流されていくのをみて、あきらめがつきました。家にいる家族は妻と私だけで、娘2人と息子は結婚して別居しており、家族は無事でした。

図.31　中島照夫・千鶴子夫妻

図.32　市営港町住宅

中島（妻）　避難所に行った方々には死んだと思われていました。そして、次女の学校の校長に相談した時に、紙に書いて表に貼りだした方が良いと言われて、画用紙に書いて貼りだしました。そうしたら、いろいろな方から手紙が来ました。ボランティアは有難かったです。今でも関係が続いている方がいます。

その反面、親戚は遠くなりました。気にしているのでしょうが、来ないのに行くことはないと思い、無理はしないことにしています。さびしいけど。

息子のお世話になろうと千葉県松戸市へ

三船　そして震災後の生活はどうでした。

中島（妻）　私たちは千葉県松戸市の息子の家に行くことになりました。震災以前、家にはいっぱい花が咲いていました。バラのアーチをつくり玄関前にはガクアジサイが、とにかく庭にはいろいろな花が咲いて足の踏み場がなくなり、孫は遊ぶ場所が無くなったと言っていました。私達のことは知らなくても、花がいっぱい咲いていた家として知られていたようでした。

松戸に行って、夫は鉢などを買ってきて世話することで生きがいを見つけたようでした。しかし、気温の違い

図.33　ガクアジサイ
（中島照夫・千鶴子氏提供）

など、宮古に住んでいるようにはできませんでした。

三舩　具体的にどうでした。

中島（夫）　震災後、親戚の家にお世話になっていたんですが、市の対応に不満が重なり、息子が松戸にいたので、お世話になろうと松戸に行きました。息子は共同住宅にいました。

松戸市の体育館に行ったら、救援物資がたくさんあり係の方から「持って行っていいですよ」と言われました。こういう対応もあって、松戸市民になろうと思って住民票を移しました。

中島（妻）　そして、松戸で息子夫婦と一緒に暮らしたのですが、震災後に夫は耳が悪くなってきており、そのためテレビの音量を高くしました。それが子供夫婦にはうるさかったようです。

息子は東京の会社に行くために、毎日、朝5時に家を出ていました。そのため朝食は食べませんでした。奥さんは看護師さんで、もう少し遅い時間でも良かったんです。しかし、夫は朝食をつくれと言いました。このような日常的なことが積み重なって行きました。

三舩　そうですね。朝早い朝食は厳しいですよね。

中島（夫）　そして、昔から夏は窓を開けて鍵の無い生活をしてきた私どもは、窓を閉めてクーラーをかけて寝る生活はどうしてもできなかったんです。

宮古市に戻る

中島（妻）　次女のお姑さんが亡くなりまして、葬式に行きました。そのことが契機となって宮古に帰ろうと思いました。

中島（夫）　その後宮古に戻り、仮設住宅に入ろうと思い宮古市に聞いたら仮設住宅は打ち切りましたと言われ、宿を借りました。ところが娘がかけあってくれ、急に仮設住宅への入居が決まりましたと連絡がありました。聞くと、仮設住宅は空きが多かったそうですが期限が過ぎたので打ち切ったとのことでした。このような役所の対応には困りました。

中島（妻）　市役所の職員は決まったことだけをやっています。それで悪くは無いのですがそれで良しとしています。

三船　それで結局、一度松戸市に移した住民票を、宮古市に戻したんですよね。

中島（夫）　その通りです。本当は宮古市に戻るのは気が進まなかったんですが、松戸市民から再び宮古市民に戻ることに決めました。

復興住宅へ

三船　現在のこの市営住宅に入ったのはいつですか。

中島（夫）　市営住宅には5年前に入りました。鍬が崎に住んでいましたので、鍬が崎の市営住宅に入りました。震災前は約150世帯がびっしりと住んでいましたが、今では約20世帯で、五分の一もいません。

中島（妻）　私は被害を受けた鍬が崎ではなく、津波が来ても安心できる高台が良いと思っていましたが、夫が強く主張するので止むを得ず折れました。しかし、今でも地震がくると大丈夫かと思い、ストレスになります。

中島（夫）　ここは、5階建ての40戸の市営住宅です。当初は満員でしたが、今では家を建てて出て行った人やグループホームに入った人もいますが、若い方々も新しく入居し、現在の入居率は9割程度です。

三舩　戸建住宅から復興住宅の共同住宅に変わってどうですか。

中島（妻）　以前から共同住宅は、隣の住戸のドアを開ける音が聞こえるとかテレビの音が聞こえる、上の住戸の足音が聞こえるなどと聞いていまして、その通りだと思いました。そのため、他人の邪魔にならないようにと音を立てないようにして生きています。また、タタミの1畳が小さいため部屋が狭いです。娘からは耐震構造のため部屋が小さくなっていると聞きました。

三舩　ここに貼ってある写真は以前の家の写真ですか（図.34）。
中島（夫）　そうです。
三舩　大きな住宅ですね。これ使わせていただいて宜しいですか。
中島（夫）　かまいません。使ってください。写真をきれいにしてくれるボランティアの方からいただいたコピーです。

図.34　以前の住宅
（中島照夫・千鶴子氏提供）

強くなってと励ます、そして知らないふりをする付き合いにならないように

三舩　被災後の心の面ではどうですか。ご家族などを亡くされた方々はいかがでしょうか。

中島（夫）　私はすぐにあきらめがついたので、それほど落ち込みませんでした。ただ、これは家族が全員大丈夫だったからだと思います。

中島（妻）　物はさておいて、家族を亡くした方々は大変です。元気がありません。夫と息子さんを亡くした人がいて、被災しなかった人が、その人に元気を出してもらおうと、「お金がもらえるから良かったじゃない」と言っていましたが、こういう言葉がきつい。
そういう人に対して「お金なんかいらないからお父さんを返してちょうだいと言いたい」それぐらい言えるように強くなってと言っています。そうでも言わないと、その人が元に戻らない。

中島（夫）　私どもも大変なんだけど、いざとなれば、娘や息子がいて頼れるので大丈夫という気持ちになっていたのではないかと思います。

中島（妻）　今では、子供たちとはスマホを使ってラインでやりとりしているから大丈夫。こういう機器が発達しているから今はいい。

三船　人間関係ではどうですか。

中島（妻）　ここのアパートは鍬が崎の住人なので、人間関係は良いです。孤立している人はいません。それと、仮設住宅でできた繋がりは強いです。

三船　仮設住宅は、必ずしも鍬ケ崎の方々だけではなかったんですよね。

中島（妻）　そうですね、いろいろ入っていました。

三船　仮設住宅の時にヒアリングに行ったんですよね。前日の大雪で雪かきをしていましたね。そして、カトリック関係のボランティアが来ていて、私まで足湯をしてもらいました。思い出します。

中島（夫）　県営住宅には集会所があるから良いが、市営住宅には集会所がない。しかし、この市営住宅には歩いて1分以内に公民館がある。共同住宅は5階建てなので、各階ごとにリーダーを決めています。それは輪番制にしています。以前は半年に1回交流を深めるためのイベントを行っていました。

中島（妻）　以前は、ふさいでいる人もとにかくイベントに引っ張り出しました。そのためこのアパートで孤独な人はいません。そのようにしないと知らないふりをする付き合いになります。

　しかし、新たにコロナの問題が発生した。そのため、コロナ禍でしばらくイベントを休みました。しかし、徐々に状況が変わってきたので、来年にかけては、何かをしなければならないと思っています。元気な人が声かけをするなどして繋がりをつくって行きたい。

三舩　他では郵便受けに名前を出さないところが多いです。こちらはどうですか。

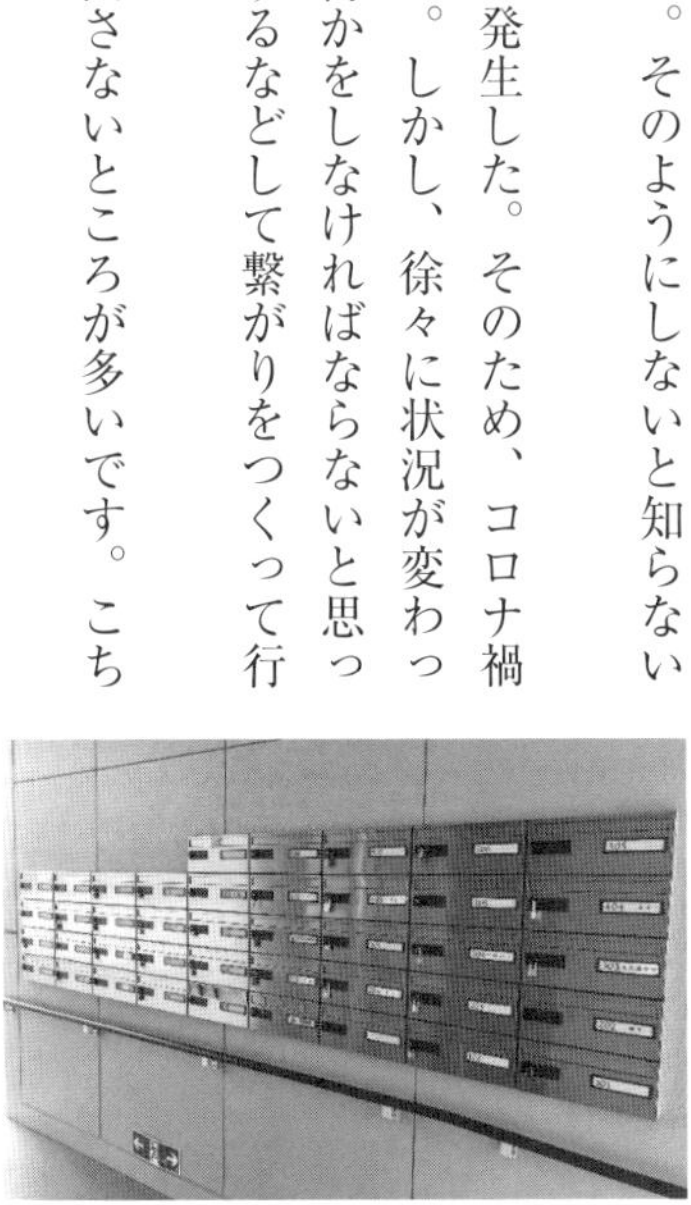

図.35　郵便受け
名前を出してるのは半数近く

中島（妻）　郵便受けに名前を出しているのは3分の1から半分程度です。しかし、入居者は家族ともども皆さんお互いに分かっています。

三舩　それは良かったです。今回お伺いして、孤立している人はいないと聞いて安心しました。積極的に呼びかけているのは、規模がそれほど大きくないことと、鍬ケ崎という同じ地区の住民の方々が入居しているからできることですね。今日はありがとうございました。

2　震災発生後すぐに消防団として活動

鈴木　亨：岩手県大槌町　戸建て住宅、自主再建

大槌町で被災し、職場と自宅も被災した中で、消防団員の鈴木亨さん（図.36）は、被災直後から消防団として活動しました。現在は自宅も再建していますが、被災直後からこれまでの10年を振り返って今思っていることをお伺いしました。

図.36　鈴木亨大槌町消防団第二分団第一部部長

被災した状況

三船　今日はお忙しい中ありがとうございます。震災が発生した当時はどういう状況でした。

鈴木　発災当時は、大槌町漁業協同組合に勤務しており保管冷蔵施設で仕事中でした。

冷蔵施設から出てきた直後に地震があり、直後に停電し津波襲来を直感し、同僚と集荷に来ていたトラック運転手に津波が来るから避難しようと話し、私は直ちに消防団員として水門扉門閉鎖に出動しました。

冷蔵施設内で地震に遭遇すれば、停電と荷崩れで外に出られなくなり今こういう状況にはならなかったでしょう。

幸い同居する母親は自宅裏山に避難して無事でしたが、自宅や自家用車は津波により流失全壊し、思い出を含め全てを失いました。

消防団員として

三船　自らも被災して、被災直後はどうかと思いますが、いつ頃から消防団として活動し、どのようなことをしましたか。

鈴木　地震発生直後１分程度で消防団員として出動し管轄する大槌町安渡地区の水門扉門13か

所のうち4か所を閉鎖し、住民の避難誘導に当たり津波が大槌川堤防を越流するのを目撃し自らも避難しました。

避難するのがあと5秒遅かったら、私は今この世に居なかった事でしょう。

その後は怪我人や病人を受け入れてくれた老人ホームに搬送したり、救助活動に当たりましたが満足な救助資機材もなく何も出来なかったと言っても過言ではありません。瓦礫の下に人が居るなどと言われた時は、自衛隊が来る迄待って下さいと言う事しか出来ませんでした。正直言って消防の帽子を脱ぎ捨て逃げ出したくなったのも事実です。

尚、私の所属する大槌町消防団第二分団では救助活動や避難誘導活動中に11名の団員が殉職しています。

自衛隊や緊急消防援助隊が来てからは、我々消防団は津波により発生した大規模な火災への対応に活動主眼を移しましたが、消防車の燃料不足等により活動は困難を極めました。

そして、我々分団の積立金でプレハブをリースして仮設消防屯所を設置し活動しました。町に支援等を願い出ても何もしてもらえない状態だったので自分たちの身銭を切り活動拠点を構築しました。

4月5日に消防団員に対する自宅待機指令が出ましたが、我々の分団では殆どの団員が帰るべき自宅を流失し避難所生活となりました。

三船　そうだったんですか。

避難所の生活と仮設住宅での生活

三船　避難所はどのような状況でしたか。

鈴木　私は安渡地区の大槌稲荷神社避難所に母親と共に身を寄せました。神社であったことから畳の上で寝る事が出来、町や自衛隊から来る食料の他に全国の神社ネットワークからの支援物資で他の避難所より良い生活が出来たと感じています。

避難した人達で仮設の風呂も造ったりして人並の生活も出来ましたが、自衛隊の仮設風呂が展開してから風呂はそちらに行きました。私は仕事や消防団活動があり行く場所があったので避難所には寝る時だけ帰る感じでしたが、一日中避難所に居た母親のストレスは相当なものだったと思います。避難所はプライバシーも自由も殆どない空間でした。

三船　仮設住宅ではどうでしたか。

鈴木　私は避難所に4か月以上滞在し、7月18日に仮設住宅に入居しました。仮設住宅は安渡地区から7㎞も離れた山間部の小鎚地区に抽選で決まりました。4・5畳2間の住宅を与えてもらい贅沢ですが、狭く感じました。家族と言えプライバシーもなく気を遣った生活を余儀なくされました。幸い建物自体は大和ハウス製で報道にあった様な寒さや隣家の騒音も無く、むしろ被災前の自宅より快適であったのも事実です。

大槌町内の仮設住宅のメーカーは5社程あり、それぞれのメーカーにより寒さや騒音があったのも確かで幸い私の仮設住宅は良いメーカーに当たったと思っています。ただ、プライバシーの問題は共通にあり親子や夫婦で喧嘩をしやすくなったとか、離婚問題に発展したケースもあるやに聞いています。

三船　民間の仮設住宅は良かったと聞きますね。間取りなどの規模は決められていますね、

鈴木　仮設住宅住民に対する行政の支援等は充実していたと思います。集会所でのイベント等も盛んで母も他の住民との交流を楽しみにしていました。仮設団地全体のコミュニティとしては然程形成されていなかったと感じました。

私は仮設住宅で8年生活しました。近くの仮設住宅の子供は入居当時幼児でしたが小学生になり、中学生となってから仮設住宅を退去する事となりました。仮設住宅での生活はそれだけの年月が流れたのです。

ただし、小鎚地区の仮設住宅は山間部で津波被害の心配がなかったので、地震があっても津

波避難の準備もしなくても良く、その点は安心して暮らせました。

更に私は仮設住宅生活の終盤9か月は、小鎚地区の仮設住宅が閉鎖されるため安渡地区の仮設住宅に転居させられました。その労力たるや大変なものでした……。

心の安定

三船　仮設住宅の調整のための転居は大変と聞いていますね。しかし、避難所にいる時と、仮設住宅では、皆さんも違ったと思います。心が安定したのは、仮設住宅の時からと思いますが。

鈴木　心が安定したのは、自宅を再建し入居してからです。ゆったりと風呂に入り大の字で寝られるといった、当たり前の生活が8年4か月ぶりに取り戻せました。

しかし、私の勤務していた大槌町漁業協同組合は津波の影響で平成24年に経営破綻し退職を余儀なくされました。

その後、消防資機材販売会社が大槌町に営業所を出すとの事で就職しましたが、その会社は平成31年に営業所を廃止し私は再び職を失いました。結局は震災特需利益を狙った営業所の開設だったと思っています。会社側の営業所開設時と廃止時の謳い文句に違いがあったことも事実です。

現在は、再び漁協系統の職場に勤務して忙しく働いています。やはり私は地元で海に関する仕事が性に合っているのだと感じていますが、漁業も津波や地球温暖化の影響でアワビが不漁になるなど先行きは厳しい状況にあります。

津波も漁業も相手は大自然の大海原、人間は自然の脅威と恵みを受け止め共存していかなければならないと思っています。この様な状況もあり心が完全に安定している状態とは言えません。

三船　産業の復興というか、生業が安定しないと、ということですね。

復興計画

三船　復興計画にはどういう印象がありますか。

鈴木　当初は地区の復興会議に出席していましたが、結局は我々個人の意見はなかなか通らず法律に基づいた復興がなされていくと分かり、復興会議にも参加しなくなり成り行きに任せる事としました。

消防屯所再建に関しても、分団としては地域の復興を優先し住民の意見に譲歩した所、結局は後回しとなり、要望していた高台への再建は叶わず津波浸水域への再建となってしまいました。
しかしながら、町当局の御理解により高台に消防団防災倉庫兼待避所を建設していただいた事に関しては関係者に感謝致しています。

三船　大槌の中心部の復興についての印象はどうですか。

鈴木　復興に関しては住民の意見を聞きすぎた故に、被災以前の街並みに似た感じになってしまったと感じ、居住エリアと産業エリアを区分けして買い物等しやすい街並みにしてもらいたかったと感じています。
各地の首長らは復興を推進するにあたり、住民の意見を聞くことも大切と思いますが、良くも悪くも文句は言われますので、復興初期にはもっとリーダーシップを取ってもらい、コンサルタント等への依頼ばかりでなくビジョンをもって復興を計画してもらいたかったと思います。

心の復興とコミュニティの復興

三船　各個人の心の復興という面ではどうですか。人によっては語りたがらない人が多いところもあるそうですが、そのような人間関係はどうですか。

図.37　平成24年12月13日
被災した「ひょっこりひょうたん島」の大槌港灯台が復旧点灯した際の海上保安庁のヘリコプターの祝賀飛行

図.38　平成28年６月５日
活動服も新調し演習に挑む第二分団員

図.39　平成30年９月22日
大槌安渡祭りで復活した、曳き舟神輿海上渡御

（鈴木亨氏提供）

鈴木　心の復興は心の安定の項でも書きましたが、なかなか難しいと思い、私自身一生復興出来ないと思います。心が復興するのは死んだ時だろうと思います。被災者それぞれにはドラマがあります。その事を語る人も居れば語らない人も居ます。様々な場面で心の復興と言われますが、医学的にも完治する事は出来ないでしょうし無理だと思います。

人間は自然と共存していかなければならないとも書きましたが、災害で被災した人間は自身のストレスや葛藤とも共存していかなければなりません。コミュニティの復興は、それぞれの地域性によると思いますが新たなコミュニティの形成は難しいと思います。

私の様に元々住んでいた地区に戻った人はともかく、被災以前と別の地区に移住した人や集合式公営住宅に住む人たちのコミュニティの形成は困難と考えます。様々な事柄と同じで時代の趨勢もあると思いますが、被災者自身の復興が出来ない中、日々の生活に精一杯の中でコミュニティの復興までの意欲があるか？と言われれば余裕もなく厳しいのが現実と考えます。

三舩　今日は、貴重なご意見をいただき、ありがとうございました。

3　ペットは家族

佐藤亮三：岩手県釜石市　県営嬉石第二アパート

釜石市に住んでいた佐藤亮三さんは（図・40）、被災後、復興住宅である県営嬉石第二アパートに住んでいます。アパートは5階建て、2～5階が住戸で各階8戸で、合計32戸のアパート（図・41）です。

令和3年11月20日㈯、アパートを訪ね自治会長の佐藤亮三さん（70代）にお伺いしました。

まち中での復興共同住宅

三舩　今回は東日本大震災から10年後ということでヒアリングをしています。他の地区では、復興住宅を高台とか離れたところにまとめて移転していますけれど、釜石は、市街地の中に分散して建設しました。私共専門家から見ると、人間関係とか、コミュニティを大切にしていると思いました。今回は、被災してからの感想をお伺いしながら聞きたいと思います。

被災して、避難所に行ってその次に仮設住宅に行って、そして復興住宅に来てどうかということを、主に心の面とかコミュニティについて、感想をざっくばらんに話していただければと思います。

佐藤　東日本大震災が発生した当日、私は仕事が休みで家におり、地震発生時は病院に行って留守でした。その後津波が来る、それも大津波との情報があり、荷物など何も持たず、ただペッ

図.40　佐藤亮三氏

図.41　県営釜石第２アパート

トと一緒に車で地域の指定避難場所に行きました。しかし、津波が到達するおそれがあるため、さらに高台にある旧釜石商業高校へ避難しました。これが避難生活の始まりです。

家内とは3日間ほど離ればなれでしたが、家内が通院していた病院が個人病院で、3日間ほどお世話になったしだいです。家内も避難所に戻り、家（図.42）は被災したため、その2年後に仮設住宅に入居しました。もちろんペットも一緒です。

仕事は長期にわたり休んだものの、会社の好意により復帰することができありがたく思いました。ただ、心の中では、今後の生活不安はありました。

三舩　その後、仮設住宅を出て復興住宅に入居するわけですが、復興住宅ではどうでした。

佐藤　まず私たちが、復興住宅に入ってからですけれど、研修で社会福祉協議会の協力を得まして、宮城県の女川の復興住宅で研修というか、懇談会をしました。

女川では、釜石と違って一つの地区がドーンと高台に移っていた。それで、その時の話し合いの時に、私も発言しましたが、釜石では、街の中に単独の共同住宅の棟があちこちにできているん

図.42　被災前の旧宅
（佐藤亮三氏提供）

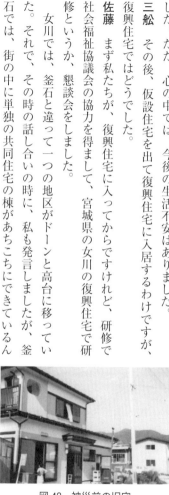

です、という話をしました。ですから、共同住宅と言っても、宮城県の女川のような共同住宅と異なっている、ということですね。

三舩　女川はそうですよね。ああいうところの高台移転とは違うという話ですよね。

佐藤　私がですね、仮設住宅から復興住宅のアパートに入居したのはですね、最初はここではなくて、その隣の地区の平田町というところです。そこに、釜石市の旧釜石商業高校がありました。そこを壊してアパートを造りました。そこはもう、高台で、私も一応そこに入ったんです。

三舩　そうですか、一度平田に入ったんですか。

ペット問題

佐藤　そしてなぜここに来たかというと、実は前のアパートではペットを飼えなかったんです。私はペットを飼っていたもので、飼えないということで入居はしたんですけれど、県のほうから、ペットは飼えないので出て行ってくださいと半ば強制的に言われたんですね。

これは困ったなと、私はペットを震災前から飼っていました。そして、家内と二人暮らしだったので、犬も一緒に家族として扱っていたのですから手放すことは出来なかったんですね。私のところ以外にもペット飼っていた人がいました。新聞にも掲載していただいたのですけど、これではダメだと思い、署名活動をしました。しかしこれがうまくいきませんで、県に声が届かなかったということだったのですね。

私は、仮設時代に見回り隊、その方たちは県とかＮＰＯとは違った団体ですけれど、があって、見回り隊が見回っていた時に、ペットを飼っていた人がけっこういたはずなのに、県はどのようにしてペットがいることをとらえたんですか、と県に訴えたんですね。

入ってしまってから、ペットを飼えないから出ていけというのは、ちょっとどうかと。私たちも契約条項は見てはいたんですけれど、なぜ状況を把握して分離したアパートをつくってもらえないかと訴えたんですね。

しかしそれも受け入れられなくて、２０１３年にアパートに移って、それから2年たって、ペットを入れられないアパートに入った。その後、ペットを入れてよいアパートができた。このアパートができるまでは、一緒にいれた。

三舩　署名活動などいろいろしてきたんですね。でも、２０１３年というのは早いですよ。それで、震災時は奥様とは離ればなれになったんですよね。

佐藤　震災時には家にいました。家内は病院にいました。家が倒れるなと思って、茫然としていました。生まれも育ちも平田なので、ここからはなれたくない。海から近かったのですが、海の近くというのは、私にはあまり抵抗がないです。海は好きなんです。

ペットと生活する復興住宅

三船　復興住宅はどうですか。

佐藤　1階は倉庫。ここは、浸水区域なので、1階には住まないような造りにしています。

三船　そうですね。浸水区域には一般的には1階に住戸を造らない。

佐藤　ここは、5～6mは嵩上げしたということです。

三船　仮設住宅の時と比べてどうですか。

佐藤　皆がいうんですけれど、「仮設の時は良かったね」と。そう思います。わきあいあいとして暮らせたんですね。

三船　人間関係がねえ、この共同住宅に入って、孤立というか個々別々になったということですね。

佐藤　ええ、そうですね。平田の時も私も携わってたのですが、やはり、その時は人数が大所帯なんですね。ここは、各階8世帯で、32世帯。現在は31世帯入居しています。すぐに出た人がいて。

三船　何ですぐ出て行ったんですか？

佐藤　病気というわけではないけれど、事情があって施設に行かれた、という感じですね。

三船　2017年にできて、5年近くになるわけですね。その中で出たのは1世帯だけですか。

佐藤　ここに出来てから私たちも入ったんですけれど、亡くなった方もいますし、他に転出した方いますし、もちろん新しく入ってきた方います。ペットの関係では平田のアパートから移った方もいます。ですから顔なじみはいるんですね。だから、ペットで転出をよぎなくされた世帯がここにはいます。現在、ペットがいるのは9世帯です。

三船　ペット専用のアパートではなく、ペットを飼ってもいいですよということですね。

佐藤　ただ、ペットとはいえ、大型の犬は飼えないということで、小型犬ならいいということです。うちの家内にすれば、買い物も近いし、良かったという考えもあるので、良かったです。

三船　ここが買い物に近いというのは、どこが近いんですか。

佐藤　平田から比べると、病院、あるいは買い物にしても、こっちは中心部に近い、ＥＯＮＥもできたし、中心部に近いから便利なったということはあると思います。

三船　震災前の生活にくらべてどうか、ということではどうですか。戸建ての生活に比べて。

佐藤　そういうことについては、やっぱり戸建てだったんでね。戸建てが良いです。
貯えもないし、だから、経費も考えて、まあ、子供がそばにいればね、働いていて収入があればね。何とか家は建てられたと思いますが、子供たちは離れていますし、そういう意味でもアパートにいた方がいいんじゃないかと思いました。

三舩　お子さんたちは皆釜石ですか。

佐藤　娘は盛岡ですけれど、息子は横浜に行っているし、帰ってこないですね。ただ、私に不安なのは、どっちも独り身だと。ですから仕方ないと諦めているんですけどね。

三舩　独身生活を謳歌し続けている。

佐藤　娘がペットを買って、親戚に預けていたんですね、それから17年なんですね。

三舩　17年ですか、一緒に暮らしていたんですよね。

佐藤　昨年亡くなって、いつもその骨壺に向かって話しかけているんですね（図.43）。

図.43　ペットの写真と骨壺

コミュニティ

三船　コミュニティについての質問ですけど、入居者は、郵便ポストとか表札に名前を出していますか。

佐藤　ここでは半数程度は出しています（図.44）。以前は170世帯程度の大きな共同住宅にいましたけれど、そこでは名前を出す人は半数程度だったと思います。若い人は出さない人が多いです。

三船　半数程度なら良いほうですね。町内会はどうですか。

佐藤　ここでは入っていません。町内会費もあり強制はできないので、個人的に入りたい人は入ってくださいとお願いしています。町内会ではなく、アパートの自治会もありますが、若い人には自治会離れが起きています。若い人はいずれ家を建てて出て行くので、高齢者しか残らないようになります。

入居した頃から町会には入っていないので、今の段階で町内会の問題を言うと、今さら、何故なのかということになり、現在は、希望者は個人個人で入会ということにしています。

図.44　郵便受：半数程度が名前を出している

三船　そうですか。復興住宅をまち中に建設しましたが、入居した当初は経費のこともあるので、町内会には入っていなかったのが現在も続いている。そして、若い人にはアパートの自治会離れ起きているという状況ということですね。今日はありがとうございました。

4　これまでの地域コミュニティを維持するために

及川宗夫：岩手県大船渡市　自宅修繕

大船渡市の末崎に在住の及川宗夫さん（70代）（図.45）は、被災後、地区のリーダーとして避難所から仮設住宅、そして復興住宅に至るまで西舘地区の方々のコミュニティが維持できるように働きました。復興の時は大船渡市碁石地区復興まちづくり協議会の事務局を担いました。そして、復興公営住宅は共同住宅といわれる中で、地区の方々と戸建て住宅での復興の実現もしました。

令和3年11月20日(土)、これまでのそのような活動についてお伺いしました。東日本大震災の3年後にもお願いした方です。

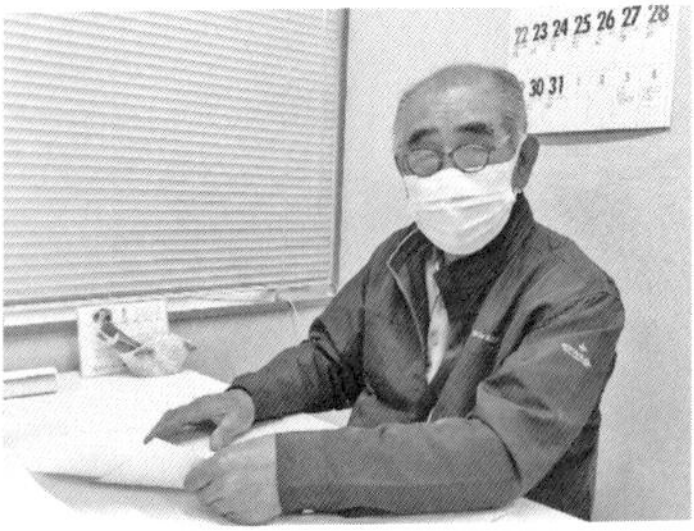

図.45　及川宗夫氏

被災した時から避難所で

三舩　いつもご協力ありがとうございます。３年後に引き続き、今回の10年後でもお願いします。最初に、被災した時の状況をお願いします。

及川　自宅で激しい揺れに襲われた後、車で一旦高台に避難しました。車を降り、防潮堤を乗り越えて徐々に浸水してくる津波の様子を撮影しました。巨大な波が押し寄せた時、車に戻ったが坂道を遡上する津波に車ごと襲われました。

幸い流出は免れ、車から脱出することができました。そして、更なる高台に移動し、呆然と津波の猛威を見つめていました。やがて破壊の限りを尽くした津波は大河のように家々を海に引きずり込んでいきました。

三舩　避難所ではどうでした。

及川　被災を免れた地区公民館が避難所となり、地域の被災者が１２０人程度集まりました。地区公民館には厨房設備があり、ガスが使えました。水は近隣の井戸から調達しました。食料は近隣住民に分けていただきました。寝具類も近隣住民が持ち寄ってくれました。その日から被災者同士の「共助」が始まりました。

３日後、被災しなかった近隣公民館を開放していただき、被災者を地域単位で分散し、50～

70人程の単位で3ヶ月半の避難生活を過ごしました。しかし、私達の地域では「自助」が叶わなかった方が7人いました。当地域は半島に位置し、それに通ずる道路が寸断されたため、復旧までは「公助」は期待出来ませんでした。

困難を極めた避難生活でしたが、近隣住民の「近助」によって初期を乗り越えることができました。道路が復旧してからは、支援物資が届くようになり、色々な形で多くの「遠助」がありました。

応急仮設住宅で

三船　応急仮設住宅ではどうでした。

及川　仮設住宅に移動したのは2011年7月からです。避難生活を共に過ごした地域のコミュニティを崩さず、更に被災住民同士の絆を深めて生活してきました。私は、2013年11月から、被災した家の修復を終えて自宅に戻って生活しています。周辺にはかってのお隣さんはいません。雑草の生い茂る被災跡地が広がっているだけです。

三船　避難所から仮設住宅までを振り返ってどうですか。

及川　地域のコミュニティを崩さず、避難所生活、仮設住宅生活をしてきたことが良かったです。親近感のある地域の人々と一緒であるということが、安心感と連帯感を生み、互助行動が当たり前のこととしてなされてきました。お互いを知っているからこそ適材適所で役割分担ができました。共助の定義が曖昧ですが、被災者同士の共助はごく自然に行われました。しかし、同じ地域住民でも被災者と非被災者との心の隔たりは大きかったです。

災害に対する基本的行動規範として、自助・共助・公助と言われますが、「近助」という概念を取り入れるべきと思います。自助・共助は被災者の行動規範、近助は近隣住民の行動規範としてこれからの災害対応の考え方に取り入れるべきと思います。被災者支援として公助が機能するには一定の時間が必要となります。まずは、近隣住民の支援活動が必要不可欠です。そして、遠くから被災地の支援をしてくれる個人・団体の支援活動を「遠助」と定義づけたいと思います。

避難所運営には、経験から１００人未満の同一コミュニティが望ましい。学校や他の公共施設で収容人数の多い避難所では多くの困難な課題がありました。災害時の避難所として、多くの場合は収容人数の多い公共施設が指定されていますが、近隣の地域公民館とすることを提案したいです。災害直後の被災者支援には、近隣住民の「近助」で公助の橋渡しをする態勢が望ましい。また、地域の自主防災組織の構築には、自分たちの地域が被災した時の対応だけではなく、近隣地域が被災した場合の対応も記述すべきであり、常にその意識啓蒙が必要であると思います。

皆で望んだ戸建ての復興住宅

三船　復興住宅についてお伺いします。

及川　行政から提案された災害公営住宅は共同住宅で、全く離れたところでした。これではコミュニティは崩壊し維持できない。新しいコミュニティは難しいとはわかり切っていました。そのため、集団移転と同じエリアであること、プラス1戸建てを条件として訴えました。

共同住宅の場合、若い人は自分で家を建てようと出て行く。そのため、高齢者だけの住宅になることが予想されます。震災後、持ち家を持てない、自分が亡くなった後家族がいない、そのような方々が入居する。その後は若い人は入るが、若い時期しかいない。空き部屋は間もなく出る。空いたら市営住宅として公募をかけることになります。

行政は、助成金をもらって、個別相談しても良いですよということも言われた。しかし、その個別対応は受け入れられなかった。何度もいうけれどそれは譲れなかった。

最後は議会で市長が、私たちのことを、最初から頑張っていたという発言をし、部長案をひっくり返しました。地元の市議も頑張ってくれました。私たちの提案は受け入れられました。

三舩　それは良かったですね。

及川　どこに復興住宅をつくるかという防災集団移転事業の立地については、避難した住民で現地を歩いて決めました。移転事業の話はいろいろ来ましたが、元いた場所から離れたところへの移転では、コミュニティが分断、破壊されると思ったので、従来のコミュニティが維持できる場所がそこしかなかったので、その場所を市と交渉しました。

行政に、ここに集団移転をしてほしいという時は、地権者二十数世帯と全戸歩き内諾を取り付けました。市は、その提案を受けて動きました。結果的にそこに決まりました。このように、

図.46　被災後の自宅

図.47　満５年の３月11日
津波到達点にペンキを塗った

住民が動いて移転先を決めたのは他の地区にもありました。

これがスタートで、戸建てが認められました。通常では、行政が案を持ってくるのを待っているだけなのですが、私たちの案が受け入れられました。戸建の理由は、個別に入退去できる。解体が個別にでき分譲ができる。このような広いところでは高層は必要なく戸建で良い。三陸町、住田町は戸建の公営住宅があり視察に行きました。箱の中の公営住宅より、戸建の公営住宅はいいとの意見でした。

振返ってみると、①コミュニティを崩壊さない、②孤独死を出さない、ということを基本に活動してきたと思います。

自宅は全壊という判定でしたが、被災後2年8カ月で自宅を復旧しました。集団移転は5年後、近いところで、まわりは皆移転しました。

西舘地区は、震災前は全体で43世帯、隣接する地域から14世帯入れ現在は53世帯あります。震災後死亡を含め4世帯減りました。海に近いところで、集団移転が必要になりましたが、私たちと一緒に集団移転をしました。

何故コミュニティか？

三舩　コミュニティについてはどう思いますか。

及川　大学の先生が住民向けの講演でコミュニティが大事と言いました。私は手を挙げて、コミュニティは日常のことです。コミュニティが大事とは、霞が関に向かって言ってくださいとお願いしました。また別の先生は、陸前高田の嵩上げは、壮大な実験ですと言いました。しかし、住民に対して実験ですと言われると、私たちはなんなのかと思ってしまう。仮設住宅の支援員をしていた大学の先生は、東北の人は家にこだわるんですよという言い方をする。

こういうお話を聞いていると、どうしてよいかと思います。

コミュニティがあると、災害時にお互いに助け合って共助が自然と機能する。助け合いの精神がコミュニティで生まれる。コミュニティと防災は別ではないです。コロナ禍で行事が無くなり、公民館活動も無くなりました。４年に１回のお祭りも、今年も規模を縮小して実施します。

基本的なことですが、田舎を都会化することに無理があります。

三舩　地域には地域にあった方法があるということですね。

心の復興について

三舩　被災者が立ち上がるという心の復興についてお願いします。

及川　家族を亡くした人は、他人と交流したがらないし、悲しみを抱えながら1人で生きようとし、それを墓場まで持っていき、人生を終えようと思っています。

ＮＨＫの朝のドラマの「おかえりモネ」がありました。あれはよく取材したのではないかなと思います。よく被災者の気持ちを表していると思います。本人の気持ちが転換すること、こういうことが心の復興ではないかと思います。

家族を奪われた人々や、故郷に未来を描くことのできない福島の人々にとっては、物的な復興がなされても、心の復興はもっと多くの年月が必要だと思います。どんな応援をしたら良いかは難しい課題ですが、そうした人々への無関心が社会からの孤立感を助長させるものと思います。被災者に心を寄せた言動こそが前を向こうとする力になると思います。

被災して落ち込んでいても頑張っている人を見ていると気が付いて行きます。日常のコミュニティの中で、孤独にならないように寄り添っていれば、心の復興は生まれてくると思います。

三舩　今日は、貴重なご意見をいただき、ありがとうございました。

5　妻を亡くした悲しみから地元への恩返しとして市会議員に

佐々木一義：岩手県陸前高田市　市営住宅下和野団地

陸前高田市の市会議員の佐々木一義さん（60代）（図．48）は、震災当時は「キャピタルホテル1000」の従業員でした。震災で奥様を亡くした悲しみから立ち上がり、地元への恩返しとして市会議員の選挙に立候補してトップ当選をしました。現在は復興の共同住宅（P．50図．9）に住んでいます。

令和3年11月21日(日)当時の状況からこれまでの行動を振り返り語っていただきました。

震災時

三舩　今日はお忙しい中、いろいろとありがとうございます。最初に、震災時の状況を振り返っていただきたいと思います。

佐々木　営業から帰ってきた時に地震が発生しま

図.48　佐々木一義氏
（佐々木一義氏提供）

した。大きな地震で立っていられませんでした。
津波が来ると思い、予約の書類などを持って7階に上りました。当時の支配人から一旦退館しようと言われ、バスで避難しました。高台から海を見たら対岸に津波が来るのが見えました。その後会長から、気をつけて自宅に帰って何かあったら戻ってきて下さいと指示がありました（図.49）。

自宅に戻ったら津波の状況がわかりました。高田の状況が見られませんでしたが、奥さんは避難しているだろうと思い、公民館とか小中学校とかに行きました。私は、接客業をしており多くの人の顔はわかっていました。しかしその半分が見えませんでした。それで大変なことが起こっていると思いました。着の身着のままで、車もないので歩いて同級生の家に行きました。その上に高田に1箇所しか残っていない屯所がありました。

友達の家に集まってそこでおにぎりを、隣の公民館で炊き出しをしていてそこで食事をいただきました。前年の11月に自主防災の再結成があり、そこでの訓練が生きました。外は街灯も停電で、夜8時の暗かった中で、うちの奥さんが帰ってくるのではないかと思い、友達の家を

図.49　東日本大震災（佐々木一義氏提供）

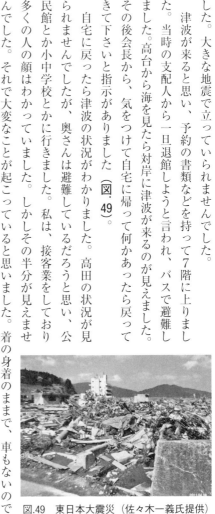

出てトボトボと歩きました。真っ暗闇で、自宅近くに来て何気なく空を見上げたらお星さまが見え、宝石箱をひっくり返したような満天の星を見たら涙が出て来て、「アー、召されたんだなー、神様は引き上げてくれたんだろうか、苦しませて行ったら神さまを許さないぞ」と思いました。

寒い日で、朝を迎えても妻は帰ってきませんでした。お寺の山を上ってお墓を通り、そこで街を見たら、昨日まであった町が無くなっていました。海のにおいがすごかった。砂が粘土のように張り付いている、そして街を歩きました。市役所へ行くと３階の窓から職員が顔を出してキャピタルのことをと聞かれて、「全員避難しました」と言いました。

三船　奥さんが亡くなったというのがわかったのはいつですか。

佐々木　震災の当日帰って来なかったので亡くなったと思いました。いろいろ探して、子供たちに、今日が最後だと言って４月２日に行った山間の小学校の遺体安置所にいました。顔が真っ黒くなっていました。まだ見つからない人もいる中で、悲しいんだけど、よく帰ってきてくれたなと、とめどなく涙が流れてくる中で安堵の思いで「お帰り」と、子どもたちも「お帰り」と顔をなで髪をかきあげました。真っ黒い姿ですよ。

家族が被災しているにもかかわらず働く消防団を見て

三船　悲しかったと思います。しかし、そこから立ち上がっていくわけですよね。

佐々木　そして、奥さんを探しているだけではどうかなと思いました。2日後に、自衛隊の人が来て一緒に探しましょうと言ってくれました。その時、無力な自分を見て感謝しました。

遺体の捜索を終えて、私のやるべきことは何かと考えて、家族が被災しているにもかかわらず働いている消防団の姿をみて、私は出来ることをしようと思い、遺体を少しでもきれいにしようと顔を拭いたりしました。そうしたら、消防団の後輩から泥棒と思われるので止めろと言われました。被災地では犯罪の発生はよく聞くので、それは止めました。その代わり次は、残材の処理等のため大型車の通行が多く、子供達の登下校中の安全を守るための道路の警備、ここからは通行止めですというような、そういう案内役や交通整理（図.50）のようなことをさせていただきました。

大きなターニングポイントは、陸前高田の取材をしたいと言う人のアテンドをさせていただいた時でした。被災した高田の

図.50　小学生を誘導する佐々木一義氏
（佐々木一義氏提供）

状況を知ってもらうとか、そこで生きている人の気持ち等、人に会っていただきたくていろいろと歩きました。その間、２泊３日で50人ぐらいに会い取材を受けました。それは地獄の取材でした。その時は相手のところに行って食事をいただいたりしました。

三船　そういうやりとりの中で、市会議員の選挙があった。

佐々木　彼らにも議員になったらと言われました。しかしその気はさらさらありませんでした。

その中で一番決定的なのは、こちらで被災した人が一の関の温泉の人で、実は旅館の女将さんが東京のコメンテーターと知り合いで、テレビ局の関係者と某タレントとで、被災した店の再建をするということで、新高輪の空店舗を利用して販売をするという話が来て、高田でやった時です。８月ですね。そういう２日間のイベントで東京に行くことになりました。

東京にいる友人を見舞いに病院へ

佐々木　久しぶりに東京に行くので子供達にも会いたいし、友人にも会いたくて友人に連絡したら奥様が出て「入院している、会って欲しい」と言われました。友人が喉頭がん、それを切除して話せない。今度はすい臓がんで命の期限を切られた状況だったので会いに行きました。彼の病室で目の前に東京タワーが見えました。彼は分かれる時にボードに「高田を頼むぞ」と書き、私にアピールしました。「それじゃまたな」と。あとは言葉が出ませんでした。

イベント終了後レストランで息子たちとビールを飲んでトイレに行ったときに目の前が真っ暗になり、息子に救急車を呼んでもらいました。大都会の真ん中なのに時間がかかったようです。病院に行って、この機会に検査していきませんかと言われ、入院し点滴をしてもらいました。

2泊3日で検査入院、血圧は高いほうが60、低いほうは測れませんと言われました。「それは死んでいたということですか」と聞いたら、「そうです」と言われて入院しました。窓を見たら東京タワーが見えました。今朝見た東京タワーと同じ、そこで、友達が入院している病院かと思いましたが隣の病院でした。

今回のことで、津波では助かったけど人生はいつどうなるかわからないと改めて思いました。

投票日の2日前に立候補、そしてトップ当選

佐々木　8月末、人生はいつ何時どうなるかわからない、知っている多くの方々が亡くなった、私のできることは会社を復興することではなく、故郷への恩返しをすることだと思いました。子供達の了解も得て、同級生に市会議員選挙に立候補すると電話をしました。

夜には同級生に集まってもらい、自分の気持ちを伝えて告示の2日前に決めました。同級生がポスターをつくり、選挙事務所も車も無い状況でしたが、車は息子が持ってきました。車に貼るシートを同級生がパソコンでつくってくれる等、皆の協力を得て、とにかく動きました。一番やったのが仮設住宅回り。あだ名がカンコだったので、「カンコと聞けば分かるけど、佐々木一義はわからないよ」と言われました。お互いに、オーあんたかということで、そのときは命の再会で、どこへ行っても抱き合いました。今でいうとセクハラですけど。

仮設には、地域がバラバラに入っていますから、あの人はここにあそこの人はあっちにと遊説の時に伝えるネットワークをつくりました。公約はないけど、そういう人と人をつなぐということをやりました。

三船　それで選挙が9月11日にあって、結果はどうでした。

佐々木　トップ当選でした。驚きました。私がトップでいいのだろうかと思いました。

三船　そして議員となって、復興計画からこれまでの復興に関わったわけですね。

復興計画

三船　陸前高田市の復興計画ですが、市役所が被災したために、取り組みが遅かったと聞いております。平成23年5月1日に震災復興本部と復興対策局が設置され、5月16日に震災復興計画策定方針が決定されています。そして8月8日に第一回震災復興計画検討委員会が開催されています。でもその頃は、まだ市会議員選挙に出ることは考えていなかったわけですよね。

佐々木　全く考えていませんでした。

三舩　議員になって、復興計画の策定はどういう状況だったのでしょうか。

佐々木　私は、市会議員になって、状況を早く把握しようと努めました。私達、議員がしたことは、当局から出された提案を審議することでした。

コンサルタントにはUR都市機構という国土交通省所管の財団が入っていました。URは多くの被災地に関わっており、また市にはこのような大規模災害のノウハウもなく、URの提案を軸に委員会が進められたと思います。そして委員の皆さんは、復興計画は早く策定されなければならないという思いを持っていたと思います。そして、委員会の場は、あまり異論が出るような状況ではなかったと聞いています。そして復興計画は12月21日の市議会で策定されました。

嵩上げに時間がかかった復興

三船　被害状況が大きかったにも拘わらず、年内に復興計画が策定され、その後、復興へと進むわけですが、これからが大変だったと思います。ドンドン嵩上げの高さが高くなりましたね。

佐々木　国が予算はいくらでも出すというので、復興計画では嵩上げの高さが５ｍだったのが、翌年の10月には平均９ｍに、そして２０１３年の11月には平均10ｍにというように段階的に高くなってしまいました。そして当初の工期も2年延長し7年になりました。

三船　壮大な実験とも言われたようですが。その時はどういう状況でした。

佐々木　嵩上げの高さが高いほど安全な街ができる。それが国の予算でできる。こんなにいい条件はない、反対する理由はないと思いました。嵩上げに時間がかかることよりも、安全な街をつくることが優先されたと思います。そして、市や県や国が進めてきた提案に対して、誰も何も言えない状況になっていたのかとも思います。

三船　そうですか。時間がかかることに対しては、新聞等でも他の地域に避難している方々は、避難している土地で就職し戻らなくなるという論調での報道もありましたが。

佐々木　そうですね。そのような声もありましたが、私達が出来たのは、上からの提案を追認するようなことで、一介の議員ではどうしようもできるものではない状況でした。

また、反対意見を述べると、少しでも早く決めなければならない時なのに遅らせようとするのか、という反感をかうようなことも気にしていたように思います。

心の復興とコミュニティの形成

三船　10年経過して、空地が多く居住者が戻って来ない状況は厳しいですね（図・51）。今回は復興までの年限が大きな課題になったと思います。住民が将来計画を考えられるように、目標の年限を決めて、例えば遅くとも4～5年後には戻れると明示できる復興計画となるように、年限の議論も良いと思います。

佐々木　そのように思いますが、現状は、直ぐには変えられず、長い時間をかけて考えて行くべき問題と認識しています。三船さんは、スマトラ島沖地震の最大の被災地の復興計画のまとめ役をしたと聞きましたが、そちらではどうだったんですか。

三船　そうですね、スマトラ島沖地震・インド洋津波は、発生した２００４年の時から今世紀最大の災害と言われました。その中の最大の被災地のバンダ・アチェ市は26万5千人の人口があったのが、7万3千人が死者・行方不明者となり、海岸線から2㎞までは津波で破壊され流され何もなくなりました。日本のＪＩＣＡ（国際協力機構）がバンダ・アチェ市の復興計画を請け負いました。私は、復興計画のまとめ役を要請され、東京とバンダ・アチェ市を何度も往復しました。

佐々木　流され何も無くなったのは陸前高田と同じですね。どんな復興計画だったんですか。

三舩　当時市の中心部は海岸から約２・５㎞のところにありましたが、その中心部をさらに約３㎞内陸に移動するなど、大きく市の構造を変えました。現在はコロナ禍で行かれませんが、そのうち視察に行こうと思っています。

佐々木　視察したら、いろいろお話を聞かせてください。

三舩　そのようにさせていただければと思います。また佐々木さんとしてはこれからどのようなことをして行きたいと考えていますか。

佐々木　これからは心の復興をテーマにしたいと思います。財産を無くした人はまだしもご家族を亡くされた方々は落ち込んでいる方々が多く、10年経過してもまだ引きずり、人と会うこともできない状況の方々もいます。そのような方々の支えになれればと思います。特に、日常生活の中で、多くの出会いを重

図.51　陸前高田市の10年後
（p.63図.12の再掲）

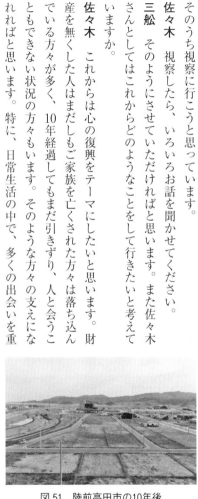

ねお茶を飲みながら語り合う、そのようなことが大切と考えています。

三船　そうですね、奥様を亡くされた悲しみから立ち上がった経験が生かされればと思います。また、佐々木さんは復興の共同住宅を回っているようですが、そういう面ではどうですか。

佐々木　大規模な共同住宅に入居された方々はこれまでの戸建て住宅の生活から全く変わった環境になり、大変だと思います。共同住宅では、各住戸の鉄の扉が重いという声もあるように、人の付き合いが無くなる傾向にありますが、心の復興と同様につながりを大切にしながらコミュニティの形成にも貢献できればと思います。

三船　陸前高田のために頑張ってください。今日はありがとうございました。

6　高台に1軒だけの飲食店。無きゃダメだなーと思って

「やきとり　かっちゃん」高橋かつ子：宮城県東松島市野蒜　自主再建

野蒜駅の近くにある飲食店「やきとり　かっちゃん」は、野蒜駅とともに高台に移転して、駅前の通りで飲食店を経営しています。

・名称：やきとり　かっちゃん

・所在地：宮城県東松島市野蒜ケ丘１－９－２
・電話：０２２５－９８－３５１８

令和４年１月７日㈮店主の高橋かつ子さん（70代）に、10年を経過した感想をヒアリングしました（図.52）。

高台に移転して

三船　野蒜に来るたびにこのお店のことは気になっていました。今日は客としてきましたが、東日本大震災から10年経過した感想をお聞かせいただければと思います。

仙石線の野蒜駅とともに低い土地からこちらの高台に移転してきました。東日本大震災から10年経過していかがですか。お客さんには知っている人が多いですか、具体的には同じ地区の人が多いですか。

高橋　私は野蒜の隣の東名でしたが、お客様には、野蒜地区という同じ地区の人が多いです。野蒜と東名の人達ここの高台に

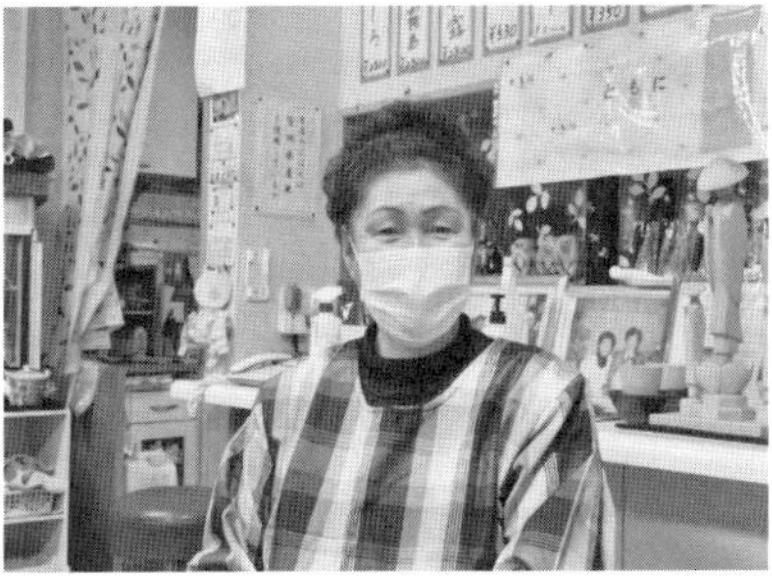

図.52　高橋かつ子氏

上がってきましたからね。

三船　同じ地区の人達というと、前と変わらない顔なじみが多いということで良いと思いますが。

高橋　お互いに助け合いできるからね。

三船　知っている方でご家族亡くされた方はいますか。

高橋　私は、娘の嫁ぎ先の孫が2人亡くなりました。大川小学校で。この辺でも家族を亡くされた方もいますしね、津波だから。移転したここは高台なので、津波の心配はないし、ここは岩盤なので揺れが小さく地震も心配がない。少々の地震は分からないです。テレビで地震と出ると、地震があったんだという感じです。被災者には、財産だけなくした人と、家族を亡くした方もいますね。やっぱり思い出しますね。

図.53　やきとり　かっちゃん

図.54　やきとり　かっちゃん内観

昨日も、テレビで大川小学校で見つかっていない方々の番組をやっていましたね。

三舩　大川小学校は悲劇だったですね。まだ片付いていないですね。でもここへ移転すると心配ないですね。漁業はやっているんですか。

高橋　やっています。漁業している人は、高台に来る前に散らばったと言えばおかしいけど。そういう方もいますからね。こっちの人たちは殆ど漁業が多くて、ここは、牡蠣が有名だから。それと、のり、潮干狩り（あさり）が有名だったんだけど、津波が来て護岸工事をして、あさりが全滅したんですよ。だから、ここだけではなくて、護岸工事をしたところはあさりがダメになったと思います。

三舩　高台に来る前の下にいた時もお店をやっていたのなら、再開して喜ばれたんじゃないですか。

高橋　下にいた時は同じ敷地内に3店舗やっていました。写真がありますが、赤いジャンパー着た殻牡蠣の食べ放題と、こっちはログハウス、それと自宅を兼ねた居酒屋の3店舗。

ここに来て土地が無いから、１００坪ずつと決まっているから、そこのわきにちょっと、小さく殻牡蠣の食べ放題とか浜焼きとか、おやつとか少し出せるように出しましたが、コロナで。なかなか厳しくて、締めっぱなしにしていました。

三船　コロナ禍のダメージは大きいですよね。ここに店を出したというのは、その前の初めは仮設住宅だったのですか。

高橋　そうです。ここから三陸道があるでしょう。奥松島のインターを降りてから左側に響工業団地があるでしょう。そこの中に入ったところにプレハブで、仮設店舗借りてやっていました。自宅兼ねて居酒屋を。仮設店舗で6年半やってきました。

これ私作った、だし、しょうゆです。手作りです。これは、私が作ったドレッシングです。キャベツにかけて食べてください。

三船　ありがとうございます。6年半ですか。その期間は長いようで短い。

高橋　そうですね。そして高台に来たのは、4年前で、店を出した。東名の頃からずーとやってきて、今年の4月で44年目です長いようで短い。

立地は抽選で

三船　前の地域の人で、亡くなった方はいないですか。

高橋　このあたり野蒜から東名の海沿いの一帯は亡くなった人が多いです。旧野蒜駅は震災伝承館になっています。見てきましたか。あの辺は家が建っていたんですけど、何も無くなって。

ここは住んでダメなところだから、皆、高台に来て。年配の方々は、よそに新しく建売買って離れた。

三船　震災伝承館は、以前見に来ました。よくできていますね。ＪＲが高台に移動して、ここの団地は本当に安全な街になりましたね。しかし、飲食店をやっているところはここしか無いですね。他に無い、東名の駅に行っても無い。

高橋　今はね。野蒜の駅前には、店はうちだけで。みんなにお世話になっていたんです。

三船　店の中へ入って見て、いろいろ飾っていてこれは大変だったなと思いました。これらを飾るだけでも一仕事ですね。この場所は代替地というか交換ですか。

高橋　いいえ、買うんです。くじを引いてね。一回で当たったんです。良かったです。はずれると２回目、そして３回目とだんだん希望から離れていく。

三船　厳しいですね。そういう事があるんですか。私は地区の土地利用計画なども仕事にしていますが、通常、駅前は商店とかお店を集めて商業地区として計画しますが、そういう配慮は無かったのですか。駅前に店が集まっていると、便利でそこでブラブラと店を歩きながらショッピングとか、飲む場合は連チャンもあると思いますが。住宅もお店も、皆平等ということで抽選ですか。

高橋　そうですね、同じ条件で抽選です。駅前を東名と野蒜の間を商業施設としてまとめてくれればよかったのですが。この地区はあと10年ぐらいかかるのではないですか。まだまだ山の上は厳しいと思う。

三舩　高台というより地元にとっては山の上ですか。やっぱり駅の近くは商業地区と言うように何件か集まるように決めればよかった。

高橋　そうですよ、そうして欲しかった。私、東名にいた時も目立つようにのぼり旗をいっぱい作ったの。ここにお店あるよーって。電車だって1時間に1本とか30分に1本では、若い人たちが新しく借りて店をやっていくのは大変、私は自宅だからまだ良いけど。震災でみんな財産無くして、今度はここで頑張ろうとしたがコロナ禍だからね、順調になるのには十年ぐらいかかるね。

野蒜の浜も海水浴が出来れば良いが、しかし、駅から海が遠くなったから。

新しいまちで、コロナ

三舩　町内会はできているんですか。

高橋　3ブロックに分かれています。それぞれ自治会長さんがいますね。私達は商売をしているから厳しいですね。頑張れば頑張るほど、目線が厳しい。一緒に頑張ろうという気持ちがつながらないという寂しい部分もありますね。

三船　そうですか。お店を開いてくれてよかったということはないですか。地区のお客さんが多いのではないですか。

高橋　いいえ、普通は地区からのお客さんが多いけど。うちは地区というより、遠くからのお客さんが多いの。県外の人が多いんです。昔からのお客さんですね。

三船　私は、駅を降りて歩いていてここはいいな、この店にいつか来なければと思っていました。昔の方が引き続き来てくれている。

高橋　コロナ禍になってノートを置いて書いてもらっているんですけど、地元の方はあまり書いていないの。なんというのかな、新しく来た店に偏るというのかな。地元なので、本当はみんなで頑張らなければいけないんだけど。それでも、こんな店でも無くてはダメだからと思って頑張ってやっているけど。

だからここも、憩いの場所にしようと思ってカラオケのセットも用意して、大きな声を出しても良いように、防音工事もしました。だから音は外には漏れません。コロナでなかなか大変だけど。

三船　東京で生活していますが、知っている飲食店がパタッと途中でお客さんが来なくなりました。

高橋　今日もテレビで発表がありましたけど、小池さん、グループは8人から4人に制限されましたね。大変ですよね。ここは出来上がったばかりの町だから、なんというか町の中にあるならまだしも、全然来ないからね、ウン。だから店としては大変。テイクアウトもできるようにしては、という方もいるけれど、そもそも来ないから。テイクアウトするとかえってマイナスになる。休んだほうが良いとなる。そして、今度はまた新しいコロナが、時間短縮などがあって大変。

三船　まだ店が何件かあれば歩いてくる人もいるんでしょうが。ここ1軒だけですとね、来る人も来にくいですよね。そういう問題がありますね。

高橋　でもやっぱり無きゃダメだなーと思って頑張っているんです。ちょっとした時にここに来た人が食べるところもなく休むところもないというのではですね、それこそ本当に来なくなってしまうと思って開けています。自宅と店が一緒だから良いですけど。私も年だからまあ良いかと。月曜日は定休日として、あとは何もない限り開けています。来た人が寂しいだろうなと思って。

震災から10年経過したけど、コロナで

三船　野蒜の震災伝承館にはいろいろなところから来ていますね。外人さんも見に来ていますね。

高橋　たまに外人さんもここまで食事にくることがありますね。でもなかなか厳しいと思うよ、このコロナ禍の流れを通り抜けなければ。どうにもならないから、じっと我慢していなければ、無心に。コロナ禍が下火になったときに、少しお客さんが増えて大丈夫かなと思ったけど、またガタっときた。なかなか難しいところだね。仕事が上がった人がきていたんだけどね。

震災から10年経過したけどどうですかと言われてもね。今はコロナ禍で。カラオケも一時下火でやっと復活させて、お客さんが歌いたいというので良かったと思ったらまたピタっと止まって。でもこのトンネルを潜り抜けなければどうにもならないから。いつになるかわからないけれども、あてのないトンネルだけど。

三船　震災はどうでも良い、今はコロナ禍だと。

高橋　本当に。震災は心の中にしまって、その人その人違うけど、今はコロナ禍で生きていかなければならないと思って前むいて頑張っています。

三船　今日は東京で９００人と言っていましたね。信じられませんね。

高橋　本当にこの数日間で一気に増えましたね。また休業かと思って、それを心配していました。

この辺ではかかっていないね。テレビで毎日報道するから、誰も来ない。その前は。仮設の時は、震災があってもこの店でもにぎわっていたんだけど、今はぴたっと止まって、うちばかりではないが飲食業をやっている人は厳しいと思う。今はこのトンネルを潜り抜けないと。

三船　飲食店は、被災者の心の復興と地域のコミュニティに貢献するためにあると、今日はそのようなお話を聞こうと思って来ましたが、今日のニュースでコロナの感染者が東京が９００人超えたとなると、新年早々お客さんが来なくなりますね。心の復興とかコミュニティどころではありませんね。

高橋　私もお客さんに対して、店を通じて、心を通わせあいそしてお互いに元気になっていただきたいと思ってやっています。

しかし、ちょっとコロナの感染者の増え方が異常ですよね。私どものように長くやっていると、今はやってもダメだとある程度わかるけどね。今から店を出す人達は大変です。

コロナ禍になって下火になって12月13日から31日まで、５回忘年会が入っただけ。新年会は2日に1回だけ、またコロナが増えてぴたっと止まりました。待つしかないです。

三舩　そうですか、今年はコロナ禍が少なくなることを期待したいですね。ありがとうございました。

7　生業があってこそのコミュニティ

今野義正：宮城県名取市閖上　自主再建

宮城県名取市の閖上地区はコミュニティ意識の強い地区として知られています。今回は閖上地区で被災後、自主再建した今野義正さん（70代）にお伺いしました（図.55）。今野さんは、NPO法人名取ハマボウフウの会の理事長で、閖上地区まちづくり協議会副代表世話役や、閖上の絆実行委員会の会長もしており、復興まちづくりに尽力した方です。

令和4年1月7日㈮、自主再建した戸建て住宅に訪れ、10年経過した感想をお伺いしました。

図.55　今野義正氏

コミュニティには生業が必要

三舩　以前、3年後に被災者のヒアリングをしたことがありました。その時のテーマは共助で、そして今回、出版社から、10年後もやって欲しいということになりヒアリングをしています。今日はお忙しい中よろしくお願いいたします。

今野　10年というのは、一つのスパンですよね。復興は壊滅的なところから、なんやかやでそれなりの形を作ったのですが、それに10年かかりましたね。まだ不十分なところありますけれど。

三舩　10年目のテーマは何かというと、心の復興とコミュニティが良いと思っています。

今野　それとさ、基本的には同じ考えですけど、もう一つの要素は、生業がその地域で、ちゃんと成り立つかという要素が非常に重要じゃないですかね。

三舩　そうですね。それはありますね。

今野　それがね、農業なり漁業なりサラリーマンの給与所得者であったり、職業はいろいろあ

図.56　自主再建した自宅

るんですけれど、その地域で生業が成り立たないとコミュニティができるわけがないと、最近はそう思っているんですね。

例えば商業者に、「買いに行くからさ」と言って再開をお願いする。ところが、我々一般の給与所得者のレベルは、失った分だけ稼ぐのに時間かかるでしょう。そうすると、買いに行くからさと言ってもなかなかそれが出来ない、そこのところが抜けていたような気がするんですよ。

震災後はゼロから始まりましたから、生きているだけでいいや、ご飯もらえればいいやというところから始まって、それ以外のレベルになると、どうせならもっと美味しいもの食べたいなと、そうすると、稼がなくちゃいけないから、何を生業にして我が家を成り立たせようかというように、重要な要素かなと思うんですね。それがあって。コミュニティも同時に形成されるような気がしています。

今10年目で。建物だけ作ってもダメだし、いろんな商業施設作って、外部との交流人口を増やすのも結構ですけど、そこに住んでいる人間の生活が成り立つ生業のようなところに手を付けないと、定住はしてこないという気はしますね。最初はそのようなことを考えておらず、生きているだけでいいやと思っていましたが、この10年で、生業が重要と改めて思っています。

三船　その通りだと思います。ですからよく聞く話が、他の土地に避難した人たちが、そっちで職を見つけると、戻ってこないというか。

今野　それでいいと思いますね、人によって。生まれ故郷に戻るという人間がいてもおかしくないし、二度とあんな怖い所に戻りたくないという人間がいてもおかしくない、それは本人の考え方、自由でいいと思います。ただ、戻って生活を同じ地域でやろうとする人間にとっては、生活が成り立つような、生業が成立する部分も手当てをしないと、コミュニティなんて成り立たない。

三船　そういう面から言うと、閖上はどうですかね、産業は。

今野　例えば、福島産の魚というと誰も買ってくれないわけですよね。でも閖上産というと売れるわけですね。そこでこちらに新たに工場を再建する業者もいるわけですよ。それは産業ですよね。ところが商業となると地元対象なわけですよ。

高齢者には年金生活1本で行くという人たちもいるわけですよ。年金だけでは物足りないと思うも手だてが無い人たちは、それで生きるしかないわけですよ。だから、何かにつけイベントやりながら、家から出てきてください花火大会をするから、というのが町内会のイベントなんですね。私は町内会の会長をやっているんですよ。閖上西町内会です。前は閖上紙町町内会でした。

三舩　今のは重要な話ですよね。

まちづくり

今野　以前、避難路は1~2本だった。ところが閖上大橋でトラックがエンコして通れなくなった。それが被害を大きくした。それで、避難する道路は、今までより1本か2本多くしようと。街づくり協議会の中で話し会った。国道が通っていますけれど、平面交差ではなく、アンダーパスで流れるようにした。もう1本必要だったのが、名取川に橋をかけるということでした。ところが、避難するというのはダメだったんです。復興交付金というのは従来のものを復興することです。それには金を出すけれど、あれもこれもはだめと言われました。ただ名取市は良く聞いていただいたと思います。ハード部分の復興は早かったほうですよ。

三舩　確か仙台の方から川を渡るんですね。更に1本あればいいという気持ちはわかります。

今野　ダメかも知れないけど言わないことには相手に伝わらない、ＯＫになるかどうかは、その後の話です。妥協点として、そこへ行く道路を片側2車線にしろとか。条件折衝をうまくやろうと考えました。

そして、地区が西と中央と東の３つになった。東は工場で人はあまり住んでいないが働き口ができる。

三舩　そういうことを考えると、企業を誘致できるかできないかは大きいですね。かわまちテラス、あれは成功しましたね。

今野　サンプルになるのがあったんですね。新潟県の信濃川。丁度太平洋にそそぐ河口には、いろんなサンプルがありました。河口に商業施設を整備しながら。

三舩　親水空間として良い環境が出来ましたね。

今野　その前に、大体出来上がっていましたけれど。最初に防潮堤作りましたでしょう。防潮堤の延長で名取川の堤防を大体同じ高さで整備しましたからね。津波が前回と同じ高さであれば、今度は人は死なないと。足元に水は来るけど、流されて人は死なないと。そこから先は、ビル作りなさいと。わりかし、いろんなところ見さしてもらって、まあまあうまくいったのかなと。

　これが、一番わかりやすいかな。学校からの道は緑道で通常は車を通さない。しかし、緊急時の場合は通す。緑道だから緑を植えるとしたのも、神戸の影響をかなり受けましたね。それ

図.57　日和山

からね、公園を多くしようと。公園が、サイズによって大きな公園とポケットパークもある。万が一のときは、逃げることが出来る、平和の時はそこでイベントなんかができる。というように、家でうずめてごちゃごちゃした地域を作るのではなく、公園に囲まれた街みたいなものを、イメージとして持ちました。日和山（図・57）周辺は公園が整備されています。

三船　あの公園はいいですね。今の住宅の周辺は、1・5mの嵩上げと言っていましたね。

今野　海側からのある程度のところは、5・2m程度の嵩上げをした。だんだんと下がってきたのよね。この私の家の周辺で、津波が来たのが私の家で83㎝くらいでしたから、この辺で1・5mくらいでしたから、海側から西に向かって下げてきたという作り方にしたのよね。

三船　そして、川沿いにかわまちテラスのようなものを作ってきた。

今野　商業施設として港朝市、そしてカナダの政府の援助で、カナダ館というのができた。

戸建て住宅か共同住宅か

三船　市で公営住宅を共同住宅とか戸建て住宅で建設していますよね。もちろん皆さん戸建てを望んだんじゃないかと思いますが、どうですか。

今野　これは家賃が問題ですよ。何年かはいいが後で上がるということは分かっていたわけですよね。自分の生活を考えると贅沢できないよということはそれぞれの家庭でイメージの中にはあったと思います。だから、後は、プライバシーと家族構成で、何としても公営住宅の2階建てに入ろうとか、一戸建てにとか、あるいは5階の共同住宅の3階にとか。各々が経済的な部分も考えながら、選んでいった気がしますね。

三船 そうですか、分かりました。それと、見ていると、車を複数台持つのは当たり前ですね。

今野 東京はなら1台か無くてもいいですね、電車だから。こっちはそうはいかないから。

三船 1台ではダメですね。それもあって戸建て住宅は賃貸料が高いということですね。

今野 高くなるということですね。それと育ちの問題があって、何々じゃないとダメというのがあります。田舎者と言われても、それでもそうは言ってもいられないから、共同住宅を8棟、H棟まで作りました。

三船 そうすると付き合い方が変わるんじゃないですか、共同住宅にいる人と戸建てにいる人とで。

今野 そうだね。共同住宅を重要視したのは、津波の恐ろしさを身に染みて感じたでしょう。避難できなかったら、垂直に上がるしかないでしょう。外階段からも行けるようにしますとか。命のこと考えたら、一戸建てよりも高層にという考えもあったかもしれない。

三船　ありますものね、上の階に集会室を作って、いざとなったら、避難所にすると。

壊滅的な被害だから

今野　閖上は壊滅的な被害を受けたんですよね。そして、被害状況を見て、その時の佐々木市長の判断もよかったですね。そして、石塚さんは、佐々木市長の助役として赴任したのですが、我々の話を、聞く耳をもっていましたね。我々住民は、無責任に適当なこと言いますからね。

三船　それをうまく聞きながら、復興のことを考えてくれた。

今野　区画整理した後のここは産業ゾーンとか、住宅ゾーンとか、ここは学校と。あれだけ、壊滅的に被害を受けた状況にもかかわらず街をつくり直した。石塚さんの役割も大きかったと思います。

三船　壊滅的に被害を受けたことを契機として良い方向に持って行ったわけですね。

今野　そうですね。住民にとっても余計なこと考える余地は無いわけですね。ここで生きてゆくなら、やっぱり地盤の造成必要だぞとか。合わせて区画整理必要だぞとか。道路は広くしておかないと逃げられないぞとか、水平で逃げられなかったら垂直だぞとか、共同住宅が必要だぞとか。そう言われればそうだなと。そういう意味では、合意形成はまあまあ、うまくいったと思いますね。

意見の対立

三舩　でも、閖上は、復興計画作るのに、時間がかかったように思います。

今野　そうですね、結局住民の合意形成が成り立たない。県議会の中で、もうちょっと西へ街を作ろうよと、一歩でも西へ西へという人間がいたわけ。それでね、県議会で合意形成ができなくなった。

1回目ダメ、2回目も整わない、3回目整わないと一から考え直したらどうですか、ということなんですね。3回目の時、電話がかかってきて、明日の朝、県議会の事務局に行って欲しいという状況になってね。

それでね、そうじゃないと、とにかく今はスピードが重要だと。今、閖上地区に必要なのは、スピードだと、見切り発車でも大丈夫と、修正は効くと。そうしたら「分かった」と。合意形成がこっちの方に傾いて、それで回り出したの。

三舩　素晴らしい説得ですね。そのようにしてまとまりができたなんて。もう一つ聞きたいんですけど、戸建てに住んでいる人と、共同住宅に住んでいる人との違いははなんですか。

今野　基本は年齢だと思う。高齢者は、残りの人生にお金をかけることもできないし一戸建てはいずれ高くなりそうだし、足も悪いし避難する時に高いところに逃げるわけにもいかない、だから共同住宅にいるかと、そういう人が多いような気もします。

町内会の目的を伝える、個人のアパートを町会加入の義務付けに

三船　東京ですと名前も出さないし、隣に誰が住んでいるかも分からない、個人情報保護ですが、この問題はどうですか。

今野　町内会として、町内会の目的を伝える。いろんな人いるじゃないですか。要は、困ったときに助け合う地域を作るんだと、10年前にそれを体験したんだから、おにぎり1個を2人で食べたり、あれを生かすんだと。困らないときは助けないけど、困ったときは助け合うようなコミュニティのとれた地域にしましょうと。それが、閖上西町内会のモットーですと私は言うんです。

三船　明快ですね。

今野　新たに転居してくる人がいるんじゃないですか。たまたま私はアパート持っていますが、不動産業者に「町内会に入らない人は入ってもらわなくて結構だ」と言ったんです。そうする

と不動産業者は「えー」と、「今、一人でも入居者がほしい時ですよ、家賃三千円ぐらい上げても入りますよ」と。「でもまだいいんだ。閖上に住む人が欲しい。そしてどうのこうの言う人には、サリン事件があったじゃないですか。オウムのように、誰か分からないひとを隣に入れサリンをシコシコつくっているわけにはいかない。そうでないとまずいよこの地区では」と折にふれて言っている。

町内会では共同住宅を自治会にしています。閖上西に戸建ての方が多い。学園都市ですよ。学校と幼稚園とかあって、教育を施すにはいいぞって言っています。

三船　わかりやすい説得ですね、次に心の復興ということではどうですか。

今野　津波の時は仙台に行っていてここにはいなかった。私はツイていると思うようにしている。まだふさぎこんでいる人がいるが、私は今のところどちらかというと触れないようにしている。ご家族を亡くした方やトラウマになっている方々、そのような方々から話があれば対応するが、そのような方々はまだ話せる状況になっていない。

震災復興には、自分がツイている男だから、やったほうが皆のためになると思い関わってきた。これからもそのようにあり続けたいと思っている。

三船　個人情報保護が優先される中で、個人のアパートを町会加入を義務付けにしたことは、勇気をいただけるお話だったと思います、今日はありがとうございました。

8　同じところで寝起きして徐々に他人でありながら他人でない……

福田まり子：福島県相馬市　市営細田東団地・相馬井戸端長屋

福田まり子さん（図.58）は福島県の相馬市の復興公営住宅である相馬井戸端長屋の寮長をしています。井戸端長屋は相馬市独自の復興住宅で、グループヒアリングでも紹介していますが、平屋建ての12世帯向けの共同住宅です（図.59）。この復興住宅は60歳以上が入居の条件だったようですが、建物完成時から、90歳近い母親の付き添いとして50歳代で入居して以来、皆さんの面倒を見ているそうです。

令和4年1月7日㈮にヒアリングをお願いしました。

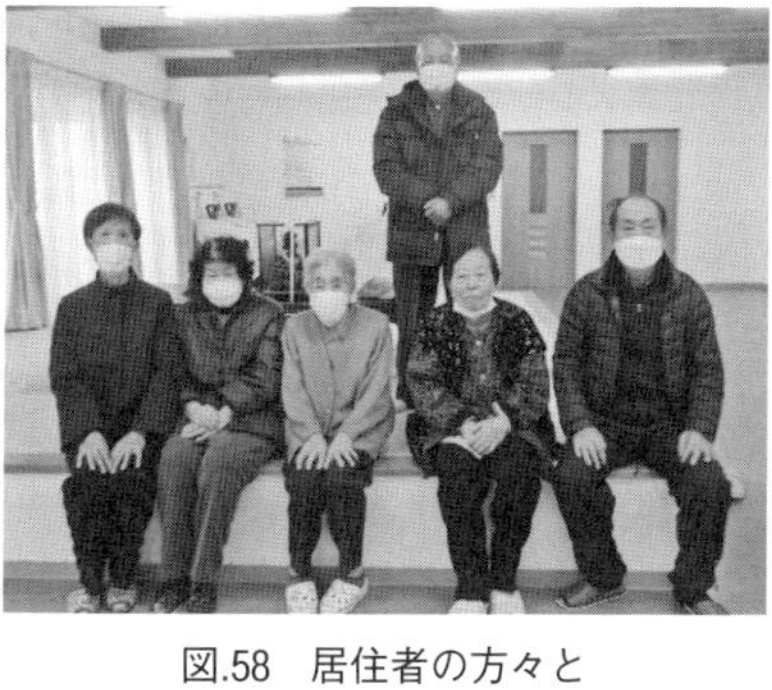

図.58　居住者の方々と
左端が福田まり子さん

被災から入居まで

三船　グループヒアリングに引き続き、個別にもお願いしました。被災状況から入居までの状況をお伺いしたいと思います。最初に被災状況はどうでした。

福田　私の家は古い家でした。１００年ぐらい経っていて、どうしようかと悩んでいた時、東日本大震災が発生しました。それで壊れてしまいました。

三船　農家だったんですか。

福田　家は代々、大工さんの家でした。３代大工さんです。昔の家は今の家と違って土台がしっかりしていた。それでちょっと内装を修理する程度で使えました。

三船　大工さんなら、自宅ということで材料も良くて、しっかりと造ったんでしょうね。

福田　そうですね、そういうことで長く使っていましたが私の代で建て直しが必要な時期でした。そういう時期に大震災が発生して、津波は来なかったですけど地震が発生しました。どうしようかと母親に相談しました。しかし、その頃はちょこちょこ地震が来ていて、母親

図.59　市営細田東団地・相馬井戸端長屋正面外観

がおっかなくて震えている状況でした。命だけでも助かってよかったという状況で避難所に行きました。

避難所に行った時、市からお年寄りのお母さまがいらっしゃるんですね。いつでも良いですから来てくださいと言われました。そして次は仮設住宅が出来ますからということでトントン拍子に進みました。そして、大野台の仮設住宅に入りました。仮設住宅に2年ぐらいいた時に、復興公営住宅が出来ますと案内されました。

三船　今回は民間の仮設住宅が多いですよね。最初は急がなくてはいけないので、公共が提供してくれますが、後から出きた民間の仮設住宅はグレードが良いというような状況もありましたね。

福田　そうですね。民間のは良かったですね。先に出来たのは急ぐ必要があって。

三船　お母さまがご高齢であったので、避難所の頃から市でも気を付けてくれていたのではないですか。

福田　そうですね、何故かトントン拍子に新しい復興公営住宅に入居することができました。

だから、募集というよりは、仮設住宅にいた頃に市から井戸端長屋が出来ます、４箇所ありますがどうしますか。好きなように選んで入居してくださいと言われました。

私が、ここに入居したのは、セブンイレブンも近くで農協の野菜というか八百屋さんも近かった。買い物などの用を足すにも、その便利さと明るさがよくてここに決めました。

三船　それはいつ頃でした。

福田　建物が出来たのが平成25年で、平成25年の12月20日に決定して、母が21日に退院する日だったので、荷物も入れて、母親と2人で暮らそうと思い入居しました。

同じところで寝起きし、徐々に他人でありながら他人でないような気持に

三船　ここは12世帯分ですよね、今は満員ですけど初めから満員ですか。

福田　いいえ、12世帯用ですが、最初は5〜6人でした。ポツポツと高齢者が入ってきて、何年か経過して今は満員になりました。

三船　出来たからといって直ぐに満員になったわけではなかったんですか。しばらく時間がかかったんですか。それで、ここでの人間関係はどうですか。

福田　皆さん同じところで寝起きしていますので、徐々に他人でありながら他人でないような気持になってきます。あの人具合が悪いんだって、というような感じで、同情の気持ちがでてきますね。

三船　一般的に、復興公営住宅はマンションタイプですよね。そこでは交流が無くなるんですね。これまで戸建てで住んできた方々が、コンクリートの箱の中に入るんですよね。しかしその場合、階が違うと全く交流がなくなるんですね。

福田　そうなんですか、わかりますね。

三船　共同住宅では隣の方の家族構成がわからないということがあります。仮設住宅の場合、住宅から一歩外に出ると、皆さんがどういう状況かがわかったという。ところが復興住宅では全くわからない、つながりがなくなったと言っています。

福田　ハー、それはわかりますね。仮設住宅の時は、いろいろ気を使って他人でありながらも他人ごとではないというのがあったと思います。

しかし、今は落ち着いて、マンションタイプの場合、そういうことを気にしないで生きていく。死んでいたのがわからないというように。

三船　人間関係がわからない世界になるわけですね。ここでは孤独死がないと思うんですよね。

福田　ここでは孤独死はないですね。お昼の弁当があり、それは皆さんの共通の時間ですね。孤独死をさけるためにこういうことにしたのかと思いました。洗濯場も共同で座って話せるように出来ています（図・60）。

私が亡くなった人を発見したことがあります。

三船　その方は昼食にこなかったんですか。

福田　そうです。昼食に来ないので私が迎えに行きました。戸は開いていました。ピンポン鳴らしても出てこなかったんです。鍵はかかっていなかったので、ご免ください、と入りました。電気がついてテレビがなっていて、仰向けになって死んでいました。

動かしてはいけないと思って人を呼びました。結局、年上の人に話して一緒に見てもらって、家族の方の電話番号を知っていたので家族に連絡しました。そういうところまでしました。

三船　これは発見が早かったと思います。家族は安心ですね。マンションタイプでは、すぐには発見されないですね。ところで、ここでの福田さんの役割は何ですか。

福田　最近、寮長という名称をいただきました。管理人さんは別に3人いますので管理人ではないなということで寮長みたいです。

図.60　共同の洗濯場

最初は母の付き添いで

三船　若くして入ったのですよね。

福田　母親が入ったので、付き添いが必要ということで、私が入ったんです。結局はそれがここには良かった。

三船　その時は50代だったそうですね。

福田　そうです。本来入居は60歳以上なんです。母親はここにきて3年で亡くなりました。

三船　葬儀はどうしたんですか。ここでやったんですか。

福田　その頃はまだコロナ禍前だったので、葬儀場で普通に出来ました。今は、コロナ禍で家族葬になっていますけど、その頃は大丈夫でした。

三船　ここに入居する前、震災でご家族を亡くしたということは無かったですか。

福田　ないです。母親と2人で住んでいて被災後も同じです。

三船　家は地震で無くされたんですよね。

福田　そうです。土地も処分してここに入りました。身軽になりました。

三船　ここに入居されて、入居者の中で亡くなった人はどうですか。

福田　今まで7人見送りました。

三舩　およそ10年で、７人ですか。亡くなる方は何歳ぐらいですか。

福田　70代後半から80代ぐらいまでですね。男性の方が早いですね。男性はため込んで、女性はストレスを発散するように話しますからね。

三舩　そうですね。男性は発散できずため込みますからね。平均年齢でも女性が長生きですからね。入ってくるのは１人の方が多いですか。また、男性は何人入居していますか。

福田　そうです。高齢者の入るところだから、ほとんど１人になって入ってきます。男性は３人です。その中に夫婦の方も１組います。

三舩　ここから施設に入る方もいるんですか。

福田　10年もするといます、認知症ですね。

　お子さん方が来た時に様子を見て、ちょっと変わったなと思い、そういうことで決めるみたいです。皆さんに迷惑をかけられないということでそれで施設に入った方々が、これまでに３人います。

三舩　それはお子さんが決めるということですね。

福田　そうです。でも不思議だと思いません。施設に行くと皆さん元気ですものね。看護婦さんとかお医者さんがつきっきりでいるからと思いますが。ここでは１人ですから。

二人で仕事をしており、親の面倒を見られないのでここに預ける。預けて数年状況を見ていると、徐々に周囲に迷惑をかける状況になってくる、そこで認知症と病気ということで施設に入れる。

三舩　そうですか。施設に行って元気になるというのは、ここにいたからではないですか。一般的には。それまで家族と一緒にいてそこから施設に行くと、落ち込む人が多いと思いますが。

皆さんの状況を見ていて、こういう復興住宅は良いと思いました。一般的な災害公営住宅はマンションタイプで交流がなくなります。

福田　わかりますね。

出会いが人間性を快復させる

三舩　皆さんも話していましたが福田さんの存在が大きいと思います。大久保さんはここに入居して喜んでましたよね。これまで人との交流がなかったんしゃないですか。

福田　80歳過ぎてこれまでも独身なんです。寂しがりやでと本人は言っています。ここにきて、人生とはこういうものかと喜んでいました。80歳まで生きていて良かったと言っています。

三舩　そうでしたね、あの元気さには驚きました。人を信じられるようになって人間性が快復したのでしょうか。ここでの出会いのおかげですね。

福田　出会いにより皆さんと話せるというのが、元気につながっていると思います。地方の田舎町というところでにこういうところがあるというのが良いと思います。

三舩　都会の人はマンションが当たり前、それに慣れていてそれが普通。慣れた人はそれで良いですが、それまで戸建て住宅で地域の中で住んできた人が、個室にせざるを得なくなり。交流が断たれるような状況が多い中で、この施設は出会いを中心に考えられているので良いと思います。

福田　そういう面では、ここでは関係が断たれることはありませんね。

三舩　昼食を一緒にするというのが良いですね。マンションですと住戸から一歩出ると幅１ｍを少し超える狭い外廊下。立ち話もできない。ここは、住戸を出ると、広い廊下ですよね。

それと、郵便ボックスに皆さん名前出していますね（**図.61**）。

福田　出しています。

図.61　全員が名前を出している郵便受け

三船　マンションタイプではほとんど出していません。
福田　エッ、郵便はどうするんですか。
三船　皆、部屋番号ですね、個人情報保護ですから名前を出さず匿名の住宅団地が出来ています。
福田　考えられませんね。そうなんですか。
三船　個人情報保護が優先され、ほとんどそうなりました。それで出会いが無く知らない人が多くなったというのが団地の自治会長さんの悩みの種です。ここではそういう雰囲気もなく良いです。
　入居した時から若くて皆さんの面倒を見ることになり、これまでの寮長の経験で最後になにか一言ありますか。
福田　皆さん言いたい放題でいろいろ言ってきます。でも前にも言いましたけど、一緒にここで寝起きしていると、他人であっても他人という感覚がなくなってきます。
　具合悪いと言われた時、私は車を持っているので、薬を買ってくると喜ばれます。また、病院に行くときに車にのせてあげることもあります。そういう時に福田さんはいい人ね、ありがとうと言ってもらえる。こういうことは喜びです。

三舩　復興住宅の入居者に心の復興とコミュニティをテーマにヒアリングをしていますが、ここでは皆さん元気でつながりもあり心配なさそうですね。今日は良いお話を聞けました。ありがとうございました。

第4章　心の復興と新たなコミュニティの創造

これまで、7か所の復興住宅団地の方々へのグループヒアリングと、8人の方々への個別ヒアリングを紹介してきました。ここからは、これまでの被災した方々へのヒアリングの状況から、東日本大震災から10年後の状況として「心の復興と新たなコミュニティの創造」をテーマに整理し考えてみたいと思います。

1　心の復興のために

被災者の「心の復興」を考えますと、ご家族等を亡くされた方々と、住宅などの財産をなくされたがご家族等は亡くされなかった方々の2種類に分けられます。

ご家族等は亡くされず、財産を失った方々にも悲しみや悔しさはありますが、特にご家族を亡くされた方々の、悲しみや悔しさは大きいです。

その理由が事故でもなく、想定外の災害となると、備えはあったかも知れませんが、その備えも役に立たず、突然ご家族の人生を奪われてしまいます。また、助けようとしても助けられない状況で、ご家族等を亡くされた方々は、悲しみや悔しさという自らの思いを持って行く場がありません。

人智を越えた大自然の力には及ばない状況を現実的に見せつけられたという思いと、静かに振り返ってみると、悲しさや悔しさはありますが、大自然の中で生かされているという現実に行きあたり、それがために自分は生かされていることへの気付きと感謝の思いが出てきます。

10年後ということでヒアリングを実施しましたが、その結果から、同居されていたご家族を亡くされた方々の心は、10年経過しても復興されていない状況を改めて痛感しました。また、被災された周囲の方々もそのことを思いやっており、日常生活の中でそのことを話題にしないように努めています。そして、心の傷には触れないようにしており、本人が、自ら外に出て来て周りとの関係を築いて行けるようになることを待っている状況です。

ご家族を亡くされた方々には、死ぬまでこの思いを持って行こうと思っている方々も多いと思われますが、いつまでもその思いを引きずってはいけないと思い、前向きに努めている方々もいます。

一方で、前向きに何とかしようと思ってはいるが、行動に移せない方々は多いと思われます。

その中で、心を立て直された方々は、どのようにして立て直されたのか、ここでは、ヒアリングで得られた中からそのようなことを整理してみたいと思います。

(1) 生きる責任

大切なご家族を亡くされた一方で、ふさぎこんでばかりいられないと思い、行動している方々はいます。例えば消防団のメンバーです。特に、ご家族を亡くされても他の方々のために救助活動をしている方々も多かったことと思われます。岩手県大槌町の鈴木亨さんの場合、ご家族は亡くされませんでしたが、被災後1分程度で心を転換し、消防団員としての役割を担われました。消防団にはこのような方々が多いと思います。また、岩手県宮古市田老の三王団地の赤沼正清さんのように、グリーンピアという防災拠点施設に勤務しており、震災後はすぐに避難者対応のシフトに入った方もいます。

そして、救助活動を行っている消防団の姿を見て、自らを奮い立たせた方々もいます。そのような思いから、岩手県陸前高田市の市会議員に立候補してトップ当選した佐々木一義さんは、奥様を探しても見つからない中で、満天の星の夜空を見上げ、「神様は……引き上げてくれたんだろうか……」と思ったそうです。そして亡くなったと判ってから、大震災という事態を目の前にして、自分にできることは何かと問い続け、病気の友人との出会いもあり、故郷への恩返しをすることと立志されました。そのように悲しみから立ち上がった方々もいます。

ここで見てきたように、消防団や防災関連施設に勤務する、あるいは災害対策の役割を担う人のように災害時に果たす役割が決められており、その方針に従って活動した方々もいれば、佐々木さんのように自らに問いかけ、心を立て直し人間として新しく道を開き活動した方々もいます。このような方々は、東日本大震災を自らの人生の生きる責任として受け止め活動したと思います。

東日本大震災を体験し、生きていることを呼びかけとしてとらえ、悲しみを乗り越え、人間として生きる責任をどのように考えどう生きるか、どう一歩踏み出すかが問われます。

(2) 励ましや気配り

① 励まし

岩手県宮古市の復興公営の共同住宅にお住まいの中島千鶴子さんのように、公営住宅のイベントがあれば、ふさぎ込んで外へ出てこない方々を引っ張り出すようにして参加させ励ます方もいます。そして、夫と息子を亡くされた方に対して、「お金なんかいらないからお父さんを返してちょうだいと言いたい。それぐらい言えるように強くなって」と叱咤激励しています。
これは、同じ地区に住んでいる方々だから言えることで、昔馴染みという人間関係があったからできることと思われ、見ず知らずの方々の場合、直ぐにできることではないと思われます。しかし、このように励ましてくれる方がいるということも心の復興には大きな存在です。

② 気配り

福島県相馬市の井戸端長屋の寮長をしている福田まり子さんは、入居者の中で一番若いこともあり、入居者の皆さんのお世話をすることになりました。その気配りが評判になり慕われています。その対応にそれまで生涯独身で交流の無かった方が、福田さんや他の入居者の皆さんと出会う中でつながりを感じ、出会いの中に人間として生きる喜びを感じた生活をしており、そのような方々で満たされています。

福田さんは、「同じところに寝起きして他人でありながら他人でない……」そのような心境になっているとのことです。このような心境になったのには、通常の共同住宅の計画では個人情報保護が重視されるため、閉ざされた関係になりがちですが、ここでは違い、井戸端長屋のシステムと計画が、居住者の出会いを多くさせています。人間的に見れば人類は皆兄弟という境地ですが、気配りをしてくれる人がいるコミュニティは、心の復興にとっては大きな存在です。

(3) 生業

岩手県大槌町の鈴木亨さんは、「心が安定したのは再建した自宅に戻ってから」であり、また生活するための生業が安定しなければ「心が完全に安定している状態とは言えません。」と語っています。心の安定には生業が必要ということです。貯蓄があり、退職後は悠々自適という方もいたと思いますが、今回の津波で、貯蓄も大幅に失った人もいると思います。

若い人は貯蓄もまだ多くはなく、生きていくための仕事が必要です。高齢者にもある程度は働くことが強いられる方々もいると思います。

宮城県名取市閖上の今野義正さんも、生業が成り立たないとコミュニティが出来るわけがないと語っていました。震災直後、被災者は仮設住宅などで無料の恩恵にあずかります。そして、そのような状況に慣れてしまうこともあります。そのため、震災後しばらくして自分のこれからの生き方を考える時に、働かなければならないと気づきが訪れます。地域としての生業、これをどうするか考えて行かなければならないと思います。

心の復興とコミュニティには生活して行くための生業が必要です。

(4)「おかえりモネ」

岩手県大船渡市の及川宗夫さんからは、NHKの朝ドラの「おかえりモネ」の話がありました。

かいつまんでストーリを延べますと東日本大震災の津波により奥様が行方不明になった漁師がいました。モネの友人の父親でしたが、漁師は行方不明の妻のことを死亡とはなかなか受け入れられず、認められませんでした。そして、周囲の方々にも諭されることもありましたが、その思いを引きずっていました。

このような思いを吹っ切らせることが出来たのは、息子であり周りの方々のおかげでした。息子が父親の後を継いで漁師になると言ったこと、そして、周りにいた友人たちが声をかけてくれたことでした。

ヒアリングした時に、あの朝ドラは被災者の気持ちをよく取材している、という話がありました。

心の復興は、なかなか一人ではできるものではありません。関わる人々、つまりコミュニティ、しかも関係の深い方々との出会いも大きな要素です。

(5) ペット

「ペットは家族」これはペットを愛する方々の言葉です。岩手県釜石市の佐藤亮三さんも、苦労を乗り越え復興公営の共同住宅でペットと生活していましたが最近亡くされました。家族を亡くされた方々にとってペットとの避難生活や復興生活は重要です。ペットのおかげで癒され、心が快復し元気になる等、ペットとの復興生活は極めて濃厚な関係になると思われます。そのため、心の復興という面でも、ペットは重要な役割を果たしています。

佐藤さんがペットと入居しようとした最初の頃の様子を聞くと、相当苦労したようです。そのようなことをしてきたのも、ペットが単なるペットではなく、家族だったからなのだと思います。

社会的にもペットの重要性が認識され、ペット用の住棟が建設されるなど、対策は徐々に進んできました。その重要性から、防災訓練では、ペット対策を含む避難訓練なども全国的に行われるようになりました。今後ペット対策を充実することも心の復興のための課題となります。

(6) いつまでも被災者という感じ

岩手県陸前高田市の下和野団地でヒアリングをした時、柳下サキ子さんから、復興公営の共同住宅へ住んでいますが、普通に住んでいる人と「私らこういう建物に住んで、暮らしがなんか違うっていうか……」というような感覚から抜けられず、いつまでもこういう感じという話がありました。

名目上は、復興公営住宅ではなく、一般の市営、県営住宅になっているのですが、被災者という意識が抜けず、「なんか、いつまでも被災者という感じが、ずっと続くような気がしている。」というお話でした。

これは、「心の復興」ということを、ご家族を亡くした悲しみから立ち上がろうという趣旨で考えてきたために、気が付かなかったことでした。

以前は庭付きの戸建て住宅に住んでいたものが、望まない形で共同住宅に入らざるを得なくなり、そのことが、被災者意識として心の底流に流れており、これから抜けきらないということです。

終の棲家として考えている方々の底流にあるこのような意識を変えることは難しい問題と思われます。変えるためには、魅力あるライフスタイルに変わることなどが求められるのかもしれませんが、これからは、このようなことも課題として取り組む必要があると思います。

2　コミュニティの問題

通常、団地計画をする場合、住む方々のコミュニティをどう計画するかが課題になります。コミュニティを創造するために、フィジカルプランニングとして、集会所を設置したり、住棟で広場を囲むような計画をするなど、そのような計画が行われてきました。

しかし、新たなコミュニティの創造には、時代に対応したコミュニティが求められます。今の時代には、前述のフィジカルプランニングにより求められたコミュニティの在り方より以前の問題が現れています。それは、よく言われてきた個人情報保護の問題です。

個人情報保護の問題は、コミュニティを創造する者にとっては厳しい現実です。現実的に個人情報保護は防災や福祉活動をする場合の活動のネックとなっており、具体的にヒアリングで見てきたように、郵便受けに名前を出す人は少ないです。

また、復興公営の共同住宅は、ある一定の期間を過ぎると、一般の方々も入居できるようになります。つまり復興住宅ではなく、呼び方も通常の市営住宅になるわけです。しかし、ここで、若い方々が入居したとしても、新たな問題が発生して来ています。

ここからは、コミュニティに関連したそのような問題を整理したいと思います。

（１）共同住宅か戸建て住宅か

共同住宅の良さは、上下左右に隣接した住戸はありますが、コンクリートと鉄の扉で独立性が確保されていることです。そのため、住戸に入ってしまえば、他からの干渉が無くなることです。都会であればプライバシー重視で希望される方もいると思いますが、これまで戸建て住宅に住んできた地方の方々にとって、共同住宅は好まれません。そのため共同住宅入居者は、高齢者のみの世帯となる傾向にあります。

経済的には戸建て住宅に住むことが可能だったとしても、後継者がいないため戸建て住宅に住むメリットが無い、あるいは後継者がいたとしても他の地域に住んでおり、息子さんから購入しないで欲しいとお願いされ、そのため、共同住宅に住むというケースもありました。つまり、高齢者としては、賃貸の共同住宅に住む以外の選択肢しか無かった状況です。

また、隣家等との音の問題があります。宮城県石巻市の共同住宅では、騒音の問題で共同住宅から出ざるを得なかった家族がありました。コンクリート造なので音は心配ないと思われるようですが、ヒアリングでも見てきたようにそれは違ったようです。騒音については、居住者間で気を使うため、小学生も静かにしていることが強いられ、入居者間の気配りと我慢で成り立っています。復興公営住宅とはいえ、音環境は民間のマンションにように何とかして欲しい問題と思います。

一方で、地続きの戸建て住宅の場合、町内会でのイベント等に誘いやすいです。共同住宅の場合、なかなか隣の住戸に声がかけにくく、そのことが、町内会でのイベント等に参加しなくなる傾向になる原因と思われます。

戸建て住宅の良さは、独立していることです。そのため、音の問題でもそうですが、隣家との関係を気にする必要がありません。そして、庭が持てることであり、土と触れ合うことが出来ることです。そして、何かあった時でも、外に避難しやすいです。

いつまでも被災者という感じから抜けるためにも、基本は、その地域に合った居住方式が良いと思われ、地方であれば戸建てとなります。しかし、復興には、全て戸建て住宅というわけにはいかない状況にもなります。

(2) 賃貸の戸建てによる復興公営住宅

賃貸に住むなら共同住宅という選択肢しかないところもありますが、戸建ての賃貸住宅を提供している自治体もあります。福島県相馬市では井戸端長屋でも紹介しましたが戸建ての賃貸住宅も建設しています。このように、戸建ての賃貸住宅があるところでは喜ばれました。しかも相馬市では、希望により払下げもできるようにしています。その結果、70％程度は払下げが行われているようです。

同様ですが、岩手県大船渡市の例で取り上げた西舘地域では、住民が頑張って戸建ての復興公営住宅（図.62）の建設を得ることが出来ました。このようなことは自治体の方針にもよりますが、賃貸の戸建ては居住者が退去された後に新しい人が入居しやすく、コミュニティが維持できるとして喜ばれています。

（3）個人情報保護：郵便受け

個人情報保護の問題が象徴的になっているのが郵便

図.62　戸建ての復興公営住宅（p.35図.５の再掲）

受けです。これまでも見て来たように、共同住宅の郵便受けを見ますと、部屋番号はあるが多くの方々の名前がありません（図．63）。これが現代の復興公営の共同住宅のスタンダードになっているようです。

図.63　名前の少ない郵便受け
（p.90図.20の再掲）

図.64　全員が名前を出している郵便受け（p.200図.61の再掲）

これは、面倒な関りは避けたいという方々、なかでも、戸建て住宅ができるまでの一定期間の仮住まいなので関りは持ちたくないという若者にとっては過ごしやすい方法かも知れません。そして、都会では、こういうことを望む方々もいるので、これで良いのかも知れません。

しかし、東日本大震災の被災地の自治会の役員にこのような状況を聞くと、このような状況を問題視しない役員はいません。これはコミュニティを論じる以前の問題です。社会がつながりというよりは、個人情報保護の価値観に重きを置いている時代だからです。このようなことは、人間観とか時代観とか世界観の問題ですが、これを何とかしなければなりません。

ここで特筆すべき事例として挙げたいのは、福島県相馬市の相馬井戸端長屋です。全員が郵便受けに名前を出しています（図・64）。総戸数が12戸と少ないのですが、コミュニティを検討するのに注目したい例です。

（4）自治会

共同住宅の団地では自治会ができます。例えば岩手県では最大の陸前高田市の県営栃が沢アパートでは、県の方針で岩手大学による自治会設立の指導を受けています。しかし、１００戸程度までの共同住宅では、そのように大学などによる指導は無いのが一般的と思われます。

しかし入居が決まってから、自治会の立ち上げには行政が関わってきます。特に抽選で入居が決まるような場合、顔見知りが少ないため、例えばフロア毎に班長を選出し世話人会をつくり自治会長を選出するとか、輪番制にするため最初は班長を各階の1号室の方に決め、翌年は2号室というように決め会長を選出するなど、方法は様々ですが、最初には行政が関わり決めることになります。

そして、岩手県釜石市のようにまち中に復興公営住宅の共同住宅を分散した例もあります。まち中に分散されたので、高台移転のような復興団地ではなく、コミュニティの形成には良いと思われました。しかし、ヒアリングした例では既存の町会に加入するのは難しい面も見られました。そもそも被災したので、経済的な負担を軽減しようと、最初は町会費を納めなくても良いように町会に加入しなかったということですが、その状況が今も続いており、そして現在、町会加入のことを話題にすると、「今さら……」となるということで、町会は個人個人で加入することにした例もありました。

宮城県石巻市の「のぞみ野」のように規模が大きければ、その団地だけで町内会は出来そうですが、町内会ではなく、団地自治会だけでも問題は難しそうです。

(5) 高齢者と若者

復興公営の共同住宅に入居するのは高齢者が多い状況です。しかし、その後、公営住宅としての扱いが復興住宅から、一般の公営住宅と同じようになり若者が入居するようになります。

若者が入居し、団地では子供達の声が聞こえるようになったと雰囲気は変わったようですが、入居した若者の思いは、将来的に戸建て住宅を建設するまでの間を、安価な公営住宅で過ごそうという一時的な入居です。若者は一時的入居のために、積極的に人間関係をつくろうとは思わず、自治会活動にも参加しない方が多いとは先述した通りです。

行政など計画側は、一般の若者が入居してくると、それらの若者が新たな自治会のメンバーとなり、自治会活動の一環として、被災者や高齢者を支えてくれるという青写真があったのかと思われます。しかし、現実的に、団地では子供の声は聞こえるようになったという声はありますが、期待されたそのようなコミュニティは形成されていないようです。

こういうところは、終の棲家として住もうと思っている被災者にとっては寂しいところです。

(6) 抽選

入居する部屋は抽選で決められます。そのため、それで不都合になった例もあります。人気の高い共同住宅では、応募者が多く抽選が行われます。高齢者が低層階の住戸に住もうと思っていましたが、抽選で高層階になってしまい、またエレベータから離れ、歩くことになり年々大変になってきているという話もありました。

以前、戸建て住宅地で焼鳥屋をやっていましたが、高台移転で新しい住宅地は抽選で決まることになり、商売をしている方々は駅の近くに集めるなど考えて欲しいと思いましたが、そういう考えは無かったようで、ポツンと1軒のみの店になった宮城県東松島市野蒜の焼鳥屋「かっちゃん」の高橋かつ子さんは、こういうところでも「店が無きゃダメだなーと思って頑張っているんです。」と語っています。

また、本書では取り上げていませんが、宮城県気仙沼市の復興住宅と商業施設の複合施設で、地元で商売をやっていた人が被災者を対象にした抽選で外れるなど、地元優先ということが図られず、抽選で決められたという例もありました。

これなども、コミュニティ優先ではなく、被災者という公平性を優先した出来事です。これなどには、阪神・淡路大震災の神戸市での教訓が生きていない、また起こったという声が上がったそうです。

(7) 一人者、特にシングルマザー

復興公営住宅に発生する問題に、一人者の高齢者の問題があります。宮城県石巻市の門脇西復興住宅で、自動販売機の前で倒れ、植物状態になった1人で入居されている方には2人のお子様がいました。しかし、どちらも両親との縁を切っており、結局2人のお子様は母親を引き取らず、役所が間に入って処理をしました。1週間後に立ち合いをしていただき、市役所が部

屋の鍵を開けて入って見ると、電気はつけっぱなしになっており、テレビも暖房もついており、市ではよく火災が発生しなかったと胸をなでおろしたということです。

また別の意味で、シングルマザーは大変です。家賃も年々高くなる中で、コロナ禍で仕事の状況が変わり、１週間のうち３日だけで良いと言われ、給料が下がることになり、そのため、子育てが出来なくなり泣く泣く公営住宅を出ることになった例もあったとのことです。

（８）共助が必要

復興公営の共同住宅では、隣に誰がいるか干渉もしないし覚えようともしない、そのような精神ではやっていけないない時がきます。

いわば、共同住宅も自助という精神で成り立っていますが、自助の限界が来る時が来ます。例えば、一人者の高齢者やお互いに元気のない夫婦がさらに年をとると、ゴミ捨ても出来なくなり、ゴミ屋敷となります。その状況は、部屋の中を開けてみないとわかりません。

岩手県陸前高田市の栃が沢アパートの中川聖洋会長は、ゴミを自力で出せない方々を把握してこまめに回っているとのことです。郵便ポストに新聞が溜まっているとその家に行って確認しており、そして、「共助の面で関りを持たないと、助け合いをやっていかないと大変です。

……基本は自助でというけれど、それでは追いつかない面がたくさん出て来ている。だから共助がないといやっていけないのよ。」と共助の必要性を強く語っています。高齢者共通の魂の声のようです。

復興公営住宅には高齢者が多いです。そのため、自助の限界が来る日の問題を抱えています。

3　心の復興と新たなコミュニティの創造のために

ここでは、前項で取り上げた問題点を受けて、「心の復興と新たなコミュニティの創造」として課題を整理したいと思います。

(1)　心の復興とコミュニティに関する研修

本書で見られたようにご家族等を亡くされた方々については、10年経過しても落ち込んでいる状況が見られました。本人ばかりではなく、周りの方々も気にかけていました。この問題は墓場まで持って行ってもらおうという考えもあると思いますが、10年経過してもこのような状況が続いている状況は改善され、健全なコミュニティが形成されるように目指さなければなりません。

少なくとも、仮設住宅にいる時に何とかしたいテーマで復興住宅への入居時までには解決したいと思われます。そして、このような問題に、行政から積極的に関わる心の復興に向けてのプロフラムがあっても良いように思われます。コミュニティの健全化を目指して、引きこもった状態からいかにして社会参加できるようになるかがテーマです。

避難所や仮設住宅にいる時に、いろいろな芸能人が来てイベントを行い、元気づけを行いました。イベントや研修にもいろいろとあるかと思いますが、心の復興とか社会への参加をテーマにした研修を検討してはどうかと思います。いろいろな方法やまたそれぞれの立場で立ち直った方々がいると思います。そのような方々による実践的な講演会や研修なども実施しても良いのではないかと思います。周辺の方々は、落ち込んだ状況から自ら立ち上がることを待たれているようですが、心の復興に、施策として何かできることがあるのではないかと思います。

また、「いつまでも被災者という感じ」ということのような思いからの心の復興は難しいと思われ、これからの課題です。

(2)「仮設住宅の時が一番良かった」

ヒアリングの状況を整理すると、福島県相馬市の井戸端長屋は別でしたが、「仮設住宅の時が一番良かった。」という声が聞かれました。

それは平屋であり、被災後は皆、地平面を共通の基盤として、一歩住戸から外に出ると、隣家の状況も全体の状況も全て理解できたからであり、被災者は皆同じ状況を共有していたからです。

そして、避難所や仮設住宅でお互いに出会い、語り合いそして助け合いが行われてきました。岩手県宮古市の三王団地の大棒レオ子さんによれば「仮設にいた時の人と、親戚以上のつきあいをさせていただいた……いまだに、お付き合いをさせていただいています。」という声になって現れています。また、大棒さんは「その時、本当に被災した時はみんなの気持ちは一緒なんですよね。みんな家が無くなったりして、避難所にいて、いやどうするべ、着るものも食べるものも無く、生活から一緒だったもんだから、大変だったという思いは一緒かな。」と語るように、何も無く裸になった人間としての出会い、助け合いで、人間として平等の共通体験が行われていたからなのだと思います。

(3)「素」の人間として：原点に還る

避難所や仮設住宅で培われた前述のようなコミュニティの形成は、大震災によってもたらされたものです。全てを失って、飾るものも何もなくなり、「素」の人間にならざるを得ませんでした。そこで交わされた人間関係は、「素」の人間としての共助、支えあいが行われたと思います。

お互いに生きていて良かったと言って抱き合い、そして、お互いに頑張って生きて行こうと語り合う。このような喜びは他ではないのではないかと思います。

しかし、宮城県石巻市の復興住宅団地の「のぞみ野」で、「仮設で仲良かったのが、片方は共同住宅に行き、片方は自立再建、それが向かい同士だったので格差が見えて、それ以来付き合わなくなった。」と語る連合町会の一般社団法人「石巻じちれん」の増田会長もそのようなことを気にしていました。同じレベルで「素」のままで築かれた仮設住宅によるコミュニティが、その後の復興住宅での共同住宅と自主再建の戸建て住宅で、しかもそれが向かい同士となり、格差が見える形となり、閉ざされたということです。

新たなコミュニティの創造には、フィジカルプランニング以前の問題として、格差を越えたお互いの連携、共助というところに求められると思います。新たなコミュニティの創造のためには、格差を越える努力が必要です。

東日本大震災によってもたらされた「素」の出会い、これは貴重な経験です。振り返ってみると、人間は裸で生まれ、死ぬときは何も持たずに死んで行きます。その誕生から死までの間で生きて生活する時にいろいろな物を身に付け、飾ることになります。そして、裸で生まれたという原点の「素」の人間になかなか戻れない状況にもなります。それが、東日本大震災により裸の人間とならざるを得なくなった。そしてその状態で体験した出会い、共に助け合い頑張って生きようとすることは、「素」の人間としての原点であり、原点に還ることになったのではないかと思います。

そのような避難・復興生活を体験した東日本大震災の被災者には、新たなコミュニティ創造の可能性があると思います。

岩手県宮古市の三王団地のヒアリングで、佐藤美恵子さんが、「津波前の若い男の子たちは、近所であっても、こちらから『おはよう、これから仕事か』と言えば……声は出さずに、頭もちょっと下げるぐらいだった。しかし、ダンボールハウスで生活するようになってからは、起きて立つとみんなの顔が正面に見える……それで『おはよう』『お帰り』と声をかけるようになってからは、若い子たちが、皆、こっちが声をかけなくても、若い子から声をかけるようになった。私はそれが一番、ここで生活して一番良かった。」、そしてそれが、復興住宅の三王団地でも続き、「入居した頃は……言葉がつっかえて、聞こえないような感じで言っていたのが、今はちゃんと言葉として出して、頭もきちんと下げられるようになった。あれが一番良かった。」と語っています。これが「素」の人間としての出会いを体験した人と人の出会いと思います。

東日本大震災は試練でした。しかし、これらは試練の中の希望でした。このようなところに新たなコミュニティ創造の可能性が見えてきます。

（4）コミュニティ・ディベロップメントとコミュニティ・オーガニゼーション

コミュニティ・ディベロップメントとは、第二次世界大戦後に国連の提唱で発展途上国の農村地域社会における生活向上のための計画と方法及び活動として国際的に普及しました。しかし、その後、都市においてもスラム地域の改善などでも導入されるようになりました。そして、最近では、先進国でも地域住民が自主的連帯性に基づいて環境改善に取り組む場合にもこの言葉が使われるようになりました。地域における環境改善という観点から、個人情報保護によりつながりの無くなった社会にコミュニティを復活させるためにもコミュニティ・ディベロップメントという言葉を使いたいと思います。

そして、地域社会からの住民のニーズを充実させるために、地域の組織化を進める手続きとして、コミュニティ・オーガニゼーションを推進したいと思います。

現在のように個人情報保護の時代にこそ、コミュニティ・ディベロップメントと、コミュニティ・オーガニゼーションという言葉が重きをなして響いてきます。基本的な精神は新しいコミュニティとしてつながりを創造していこうということです。

例えば、新しい復興公営団地を建設する場合、行政が入居者にコミュニティについて、共助を基本にした生きる目的などの講習を行うというように、共同住宅における生活の基本やルールの講習を行うようにする。そして落ち込んでいる方々が立ち直れるような心の復興についても講習する、このようなことが必要ではないかと思います。コミュニティ・ディベロップメントとコミュニティ・オーガニゼーションを政策として実行することがこれから求められるのではないかと思います。

個人情報だからと言って、名前を出すことを控えている状況を見ていると、個人情報保護ということが隠れ蓑のように使われているようです。このような状況を乗り越える手段として、コミュニティ・ディベロップメントとコミュニティ・オーガニゼーションを展開し、新たなコミュニティを創造して行ければと思います。

国策として新たな時代のコミュニティづくりを展開し、個人情報保護の壁を乗り越えコミュニティ中心の新たな国づくりを目指して行ければと思います。

（5）コミュニティ・ディベロップメントやコミュニティ・オーガニゼーションの実践に向けて

コミュニティ・ディベロップメントやコミュニティ・オーガニゼーションを実践するのは、新築の時ばかりではありません。様々なイベントの機会を通じて実践するべきです。

具体的には、防災訓練の時に意識して実践してはどうかと思います。防災訓練をどのようにして実践するのか、どういう役割をつくるのか等、防災訓練にもいろいろあると思いますので、消防署との協力も得ながら事前の打合せに取り組んでみるのも良いと思います。そして、そのような事前の打合せにも役割のある担当者ばかりではなく、できるだけ参加していただくようにチャレンジしてはどうかと思います。

そのような活動を地道に続けることに、意味があると思います。

（6）コミュニティへの安心感

（4）、（5）で述べた、コミュニティ・ディベロップメントとコミュニティ・オーガニゼーションを展開するにも必要と思われることがあります。

基本的なこととして、コミュニティに対する安心感があれば、個人情報保護を頑なに求めることは無くなると思います。

コミュニティに対する安心感に欠けることとして考えられるのは、今の公営住宅の共同住宅は、敷地に入りやすく、また住戸の前までフリーにアクセスしやすいという問題があることです。基本的に、このようなことが、居住者に不安感を抱かせます。

そのため、例えば公営の共同住宅でも、民間マンションのように、敷地境界でのチェックがあり、建物に入る段階でのチェックとして、監視カメラの設置と鍵を使って入り、そして住戸に至るというようにすると入居者は安心です。そして、管理人を置くことです。管理人がいると、いざという時の安心感は大きいです。

このようにすると居住者の安心感は高まります。そうすれば、団地あるいは建物内というコミュニティへの信頼感が上がると思います。

4　うまく行った事例

最後に、これまで見てきた中から、うまく行ったと思われる２つの事例について紹介したいと思います。

(1)　相馬井戸端長屋：つながりのある平屋の共同住宅

ヒアリングの中で、喜びの声が聞かれたのが、福島県相馬市での井戸端長屋です。呼び方は長屋ですが、建築基準法上は長屋ではなく、平屋で12戸の共同住宅です。

ここの良いのは平屋という点です。そして、廊下が広く立ち話も出来、共同の洗濯する場所にも座って話せるような仕掛けをつくっています。そして、昼食は一緒に食べることをシステムとしています。そのため、昼食時に不在の人がいると、おかしいとなります。このシステムのおかげで部屋で亡くなっている人を見つけることが出来たということもあったそうです。

また12世帯という少数世帯ですが、管理人を複数人設置しています。

「知り合いが増えてここが一番良い」という声にあるように、入居者間のつながりの感覚は、これまでの個人情報保護が前面に出る共同住宅では考えられません。他の共同住宅では、個人情報保護で知り合いは増えず、知り合いが増える喜びが得られません。寮長の福田さんの「同じところで寝起きして徐々に他人でありながら他人でない……」このような心境は、本来的には、人類の兄弟愛の境地で、コミュニティの原点を思い起こさせます。

郵便受けには全員名前を出しています。

(2) 岩手県大船渡市西舘地域：地域の中で復興マネジメント

この地域は、被災者がリーダーを中心にまとまり、コミュニティを維持した地区です。

東日本大震災発災後被災者は、地元の避難所である公民館に集まりました。そして、仮設住宅も被災地の近くに建設され、地区の方々で入りました。そして、復興には被災した近くの土地に高台移転先を見つけ、地主と交渉し、市とも交渉して決め、自主再

図.65　相馬井戸端長屋外観（p.109図.25の再掲）

建しました。さらに復興公営住宅には共同住宅ではなく、戸建て住宅を要望しました。それは、戸建ての場合、入居者が死亡等で空きが出来たとしても、次の方が入りやすいからです。

つまり、この地区は、避難所から仮設住宅、そして復興の高台移転まで、地区の方々でコミュニティを維持しながら復興できた例です。

これは簡単に出来そうで難しいことかも知れませんが、被災した地域の復興という点から考えると、地域の中で被災後の復興マネジメントが良く出来た例で、復興の本来的な姿といえます。避難所生活から仮設住宅生活、そして復興住宅生活までが日常のコミュニティの中で出来るため、お互いに安心して生活でき、コミュニティが維持され、さらに深まった地区で、復興のモデルケースといえ地域づくりの目ざすべき姿と思います。

あとがき

東日本大震災から10年目の区切りとしてヒアリングを行い、被災者の記録としてまとめるだけでも意味があると思い取り組みました。

ヒアリングは、当初は友人を頼ってヒアリングをしようと思っていましたが、連絡すると、とてもお願いするような状況ではなく、厳しい言葉もいただき、被災者の悲しみの大きさの一端を知ることができました。そのため、２０２１年の秋から、３年後のヒアリングをした方々から徐々にお願いしました。しかし、10年という期間は長いもので、３年後のヒアリングの時の宮城県気仙沼地区のリーダーだった方が亡くなられ、他のメンバーには連絡がつかないという状況もありました。

そして、その間に、ロシアのウクライナ侵攻が開始されました。物価が高くなるなど被災者への影響もあったこともあり、ヒアリング内容の見直しの時にそれらについても付け加えていただいたものもありました。

今回は、ご家族を亡くされた方々は、10年経過してもなお、心の復興がなされていない状況であるということを改めて痛感しました。

そして、「心の復興」では、ご家族を亡くされた悲しみから立ち上がることに焦点しておりましたが、岩手県陸前高田市の被災者から、震災前には戸建て住宅に住んでいたのが、共同住宅住むことになり、「被災者」意識が抜けないと聞き、別の意味で復興されていない状況を知ることができました。このような状況は、これからの課題として捉えたいと思います。

東日本大震災により子供たちが素直になり感謝の思いを持つ若者になった岩手県宮古市の三王団地でのヒアリングは新たな希望となりました。東日本大震災は大きな試練でしたが、この震災のおかげで人間として生まれ変わることが出来、原点に還る契機となり新たな可能性をいただいた。そしてこういうところから新たなコミュニティの創造が始まるという希望をいただきました。

本書出版において残念なのは、第3章の最初（P．121）に掲載した岩手県宮古市の中島照夫・千鶴子夫妻の照夫さんが、ヒアリング後に亡くなられて、本書をお届けすることが出来なかったことです。奥様の千鶴子さんにはお悲しみの中、原稿をチェックしていただきまして感謝致します。

また、取材に応じてくださった方々や協力していただいた行政の機関には感謝を申し上げます。そして、ヒアリングのテープ起こしに協力していただいたジェネスプランニング株式会社の三船國生氏と蓑田ひろ子氏、出版していただいた近代消防社の三井栄志社長にも感謝を申し上げます。

令和5年1月

三船　康道

《著者紹介》
三船康道（みふね　やすみち）
1949年岩手県生まれ。東京大学大学院工学系研究科博士課程修了・工学博士。技術士（総合技術監理部門・建築部門）、一級建築士、防災士。ジェスプランニング㈱代表取締役。みなとみらい21地区防災計画、スマトラ島沖地震インド洋津波バンダ・アチェ市復興計画、その他各地の防災関連の業務を行う。
〔委員等〕地域安全学会理事、日本都市計画協会理事、見附市防災アドバイザー、スマトラ島沖地震インド洋津波バンダ・アチェ市復興特別防災アドバイザー、東日本大震災の被災地大船渡市の集落への派遣専門家、墨田区災害復興支援組織代表、国際連合日中防災法比較検討委員会委員、新潟工科大学教授等を歴任。
現在、希望郷いわて文化大使、ＮＰＯ法人災害情報センター理事、災害事例研究会代表、東京文化資源会議幹事。
〔著書〕「糸魚川市大規模火災と復興へのあゆみ」（共著）近代消防社、「東日本大震災㊤」・「東日本大震災㊦」近代消防社、「日本列島震度７の時代到来」近代消防社、「密集市街地整備論」早稲田大学出版部、「東日本大震災を教訓とした新たな共助社会の創造」近代消防社、「減災と市民ネットワーク」学芸出版社、「東日本大震災からの復興覚書」（共著）万来舎、「災害事例に学ぶ！21世紀の安全学」（編著）近代消防社、「安全と再生の都市づくり」（共著）学芸出版社、「地域・地区防災まちづくり」オーム社、「まちづくりキーワード事典・第三版」（編著）学芸出版社、「まちづくりの近未来」（編著）学芸出版社など。

KSS 近代消防新書

023

東日本大震災から10年

－心の復興と新たなコミュニティの創造－

著　者　三船　康道
2023年３月11日　発行
発行所　近代消防社
発行者　三井　栄志

〒105-0021　東京都港区東新橋１丁目１番19号
（ヤクルト本社ビル内）
読者係（03）5962-8831㈹
https://www.ff-inc.co.jp

ISBN978-4-421-00972-9　C0230
価格はカバーに表示してあります。